주능선 종주 산성산 – 2km – 앞산 – 1.1km – 대덕산

주요 등산로 고산골 ↗ 산성산 3.5km, 큰골 ↗ 앞산 3.2km

안지랑골 ↗ 앞산 2.5km, 달비골 ↗ 원기사 ↗ 앞산 3km

달비골 ↗ 임휴사 ↗ 대덕산 1.7km

대구 앞산, 길 위의 인문학

신라·고려시대 성불산 > 조선시대 대덕산 > 현대 앞산

■ 앞산의 길

■ 앞산의 골

앞산의 길

시청 소개 10개 등산로

최고 추천 3개 등산로

앞산 종주

평안동산 산책로

가창호 둘레길

앞산자락길

앞산 곳곳에 '앞산공원 안내도'라는 이름의 안내판이 세워져 있다. 안내판들 오른쪽 하단에는 '주요 구간 거리 안내'가 있다. 등산에 참고가 되는 내용이므로 꼭 읽어본다. 대구시청 누리집의 '앞산 등산 코스'도 살펴본다. 10개 코스가 소개되어 있다.

■ 1코스 : 3.0km
– 용두골 입구 > 체육시설 > 산성산
■ 2코스 : 4.4km
– 용두방천 > 용두토성 > 산성산
■ 3코스 : 3.2km
– 고산골 입구 > 법장사 > 산성산
■ 4코스 : 4.3km
– 산성산 진입로 > 한국통신기지국 > 산성산
■ 5코스 : 3.2km
– 큰골 입구 > 대덕쉼터 > 앞산
■ 6코스 : 3.8km
– 충혼탑 주차장 > 청수장 약수터 > 앞산
■ 7코스 : 2.5km
– 안지랑골 입구 > 앞산전망대 > 앞산
■ 8코스 : 2.2km
– 안지랑골 입구 > 안일사 > 대덕산
■ 9코스 : 2.4km
– 매자골 입구 > 체육시설 > 대덕산
■ 10코스 : 2.6km
– 달비골 관리소 > 원기사 > 앞산

용두골 입구에서 산성산 정상까지 3.0km

1코스(용두골 입구> 체육시설> 산성산)는 말 그대로 '등산'만 하는 산길이다. 역사유적이나 문화유산이 없고, 앞산 골짜기 중 시내에서 가장 먼 지점에 위치한다. 등산로 입구가 도로 아래 터널을 지나는 탓에 첫 인상도 상쾌하지 못하다. 크게 권장할 수 있는 코스는 아니라는 말이다.

수달보호구역(용두골 입구)

하지만 용두골 아래에는 등산과 무관하게 꼭 볼 곳이 있다. 등산로 입구 터널 앞에 '수달 보호 구역'이 있다. 수달이 있다는 것은 신천 물이 깨끗하다는 확실한 증거이다. 인구 235만 대도시에 수달이 살고 있는 것은 세계적 자랑거리이다(36~40쪽). 신천변 안내판에도 그렇게 적혀 있다.

250만 명이 사는 대도시를 가로지르는 하천에
천연기념물인 수달이 산다는 것은 세계적 자랑거리다.

수달보호구역에서 신천을 따라 300m쯤 내려가면 고가도로 아래 왼쪽 산비탈에 '파동 바위그늘'이 있다. 바위그늘(암음岩蔭)은 거대하고 비스듬한 물가 바위의 그늘 아래에서 비바람과 맹수를 피하면서 물고기를 잡아먹고 살았던 (대체로) 구석기인들의 주거 유적이다.

구석기 유물이 출토되지 않고 청동기 유물만 나왔으므로 파동바위그늘의 현지 안내판은 이곳을 '청동기 유적'으로 소개하고 있다(41~48쪽).

파동 바위그늘

매자골 입구에서 대덕산 정상까지 2.4km

9코스(매자골 입구> 체육시설> 대덕산)도 그냥 등산뿐이다. 인근에 거주하는 주민 아닌 일반 시민이 안지랑골과 달비골 중간쯤에 있는 매자골을 찾아가서 산을 오를 일은 별로 없을 것이다.

달비골 관리소에서 앞산 정상까지 2.6km

10코스(달비골 관리소> 원기사> 앞산)는 앞산 정상부에 오르려는 도원동 일대 주민들의 등산로이지만 아무런 역사유적이나 문화유산은 없다. 그보다는 고려 태조 왕건 유적인 임휴사를 거쳐 제3봉(대덕산)에 오른 후 거기서 주능선을 따라 제1봉(앞산) 정상까지 간 다음, 10코스의 원기사 쪽으로 하산하는 답사가 훨씬 뜻 깊다. 주능선을 걸었고, 제1봉(앞산)과 제3봉(대덕산) 둘을 찾았고, 왕건 유적 임휴사도 답사했으니 말이다. 하산 후 달비골 평안동산길에 있는 월곡지와 첨운재(조선국권회복단 통령 윤상태 지사 별서)를 둘러볼 일이다.

산성산 진입로에서 산성산 정상까지 4.3km

4코스(산성산 진입로> 한국통신기지국> 산성산)는 고산골과 큰골 사이에 있다. 길 전체가 시멘트로 포장되어 있어 오르내리면 크게 건강에 해롭다. 역사유적이나 문화유산도 없다.

충혼탑 주차장 왼쪽에서 앞산 정상까지 3.8km

6코스(충혼탑 주차장> 청수장 약수터> 앞산 정상)는 충혼탑 주차장 왼쪽 앞산자락길 입구로 들어가 케이블카가 지나다니는 하늘길 아래 (화장실이 있는) 삼거리까지 간 다음, 거기서 오른쪽으로 난 오르막 산길을 걸어 대덕사 뒤편과 만수정을 지나면 큰골에서 올라오는 5코스와 만나는 삼거리가 나타난다. 충혼탑에서 2.2km 올라왔다. 지금까지 오는 동안 대덕사 뒤편에 있는 빙하기 자연유산 너덜겅과, 만수정에 쌍으로 세워져 있는 돌탑이 그럴듯했다. 다른 역사유적이나 문화유산은 없었다.

이 삼거리에서 큰골 안내소까지 1.5km, 은적사까지 1.2km, 주능선까지 800m, 주능선 삼거리에서 앞산 정상까지 오른쪽으로 800m, 산성산 정상까지 왼쪽으로 1.2km 거리이다.

충혼탑, 은적사, 큰골 등산로 삼거리

이 삼거리에서 주능선으로 오르는 등산로 중간쯤에 '청수정 약수터'가 있다. 정자에 현판이 없고, 약수터에 물도 없어 여기가 시청 누리집 '앞산 등산 코스'에 나오는 '청수장 약수터' 맞기는 맞나 싶지만, 380개나 된다는 계단을 밟고 올라가면 주능선이 나타나니 의심을 거둘 일이다.

산성산, 큰골, 앞산 주능선 삼거리

큰골에서 앞산 정상까지 3.2km

5코스(<u>큰골 입구> 대덕쉼터> 앞산</u>)는 오를 때와 내려올 때 길을 상당 부분 달리해야 한다. 큰골 시작 지점부터 케이블카를 지나 대덕사까지 줄곧 시멘트로 포장이 되어 있는 까닭에 이 길을 걸어서 내려오면 건강에 매우 해롭다. 즉 올라가면서 이시영 선생 순국 기념탑, 임용상 지사 흉상, 송두환 지사 흉상을 보고, 대덕사 앞에서 왼쪽으로 등산로로 진입해 (만수정을 방금 지나온) 6코스와 만나는

산성산(653)
(항공무선표지소)
주상절리
산성산 1.2
앞산 0.8
큰골 2.3
은적사 2.0
0.3
0.3
잣나무 단지
Big Cone Pine Forest
악간험로
계단길
0.9
정수정
고산골
3.2km
만수정
Mansujeong Pavilion
(쌍)돌탑
흙길
이용
대덕쉼터
Daedeok Shelter
1.0km
1.5km
1.2km
큰골
Keungol Valley
너덜(겅)
대덕사
Daedeoksa Temple
은적사
Eunjeoksa Temple
성혈바위
케이블카 Cable Car
송두환 의사상
이호우 시비
임용상 의사상
이윤수 시비
낙동강승전기념관
이시영 선생 순국기념탑
큰골관리소
1.1km
앞산공원관리사무소
2.3km
흙색 길은 권장 등산로
노란 길은 앞산자락길
회색 길은 시멘트길
미군
위령탑
남부도서관
Nambu Library
충혼탑
Memorial Monument

삼거리에서 청수정 약수터로 가야 한다. 큰골 입구에서 2.3km 걸으면 (앞에 언급한) 380계단이 나타난다.

내려올 때는 '직진 큰골 1.5km, 오른쪽 은적사 1.2km' 이정표(10쪽)가 있는 삼거리에서 은적사로 가는 오솔길을 선택해야 한다. 그래야 시멘트 포장길을 걷지 않을 수 있고, 왕건 유적인 은적사를 둘러볼 수 있다(왕굴, 대구시 유형문화유산 대웅전 불상). 또 은적사 아래에서 (이시영 선생 순국 기념탑에서 계곡 건너편에 있는) 이호우 시비 '개화'까지 이어지는 흙길을 줄곧 걸을 수 있다. 이호우 시비도 둘러봐야 하니 응당 그렇게 하산할 일이다.

안지랑골 보문사에서 대덕산까지 2.2km

8코스(안지랑골 입구> 안일사> 대덕산)는 안지랑골 보문사에서 '안지랑골 제2 약수터(현재 식수로 이용 불가)' 일대와 안일사 뒤를 거쳐 제3봉(대덕산)으로 가는 길을 가리키는 듯하다. 이 코스 역시 역사유적과 문화유산은 없다. 중간쯤에서 너덜경 지역을 구경하는 보람은 있지만 너덜경을 정말 보람있게 보려면 비슬산에 갈 일이고, 앞산에서도 큰골 대덕사 뒤가 더 낫다.

> 2, 3, 7코스가 더욱 추천할 만한 등산로이므로 자세히 설명해 드립니다.

안지랑골에서 앞산 정상까지 2.5km

7코스(안지랑골 입구> 앞산전망대> 앞산)는 유의점이 있다. 안지랑골 관리사무소 앞에 있는 ‘⇦ 안내판’을 발견(!)해야 한다. 그 안내판은 포장도로를 걸어 안일사로 무심히 올라가는 답사자들 눈에는 들어오지 않는다. 길 왼쪽에 ‘앞산전망대·안일사 가는 숲길’로 인도하는 작은 화살표 안내판을 눈에 담지 못하면, 기껏 산에 와서 오히려 건강을 해치는 험난한 시멘트 길을 걷게 된다. 숲길로 가야 한다. 그렇게 하지 않으면 시멘트 포장도로를 계속 오르고, 또 내려와야 하는 까닭에 운동 효과는커녕 병만 얻는다.

화살표 안내판에서 숲길을 700m쯤 걸으면 안일

사 앞 화장실로 내려가는 60m 안내판이 있는 삼거리에 닿는다. 바로 오른쪽 아래로 안일사가 보인다. 안일사는 927년 왕건이 찾아왔고, 1915년 2월 28일 조선국권회복단이 결성되었으며, 1942-3년 대구상업학교 태극단 학생들이 독립운동 준비차 군사훈련을 했고, 통일신라-고려 초에 축성된 대덕산성(=앞산산성) 중심 건물이 있던 곳이다. 대웅전에는 대구시 유형문화유산 불상도 있다.

하지만 올라가는 길에 안일사를 둘러보는 것보다는 하산길에 둘러보는 것이 바람직하다. 그렇게 하는 것이 시간과 체력을 조절하는 데 도움이 된다. 등산을 할 때에는 최종 목적지까지 올라간 다음 내려오면서 문화유산 등을 관람하는 것이 좋다.

즉 오른쪽으로 내려가면 안일사 앞 화장실에 닿는 60m를 택하지 말고 직진해서 100m를 가면, 안일사에서 올라오는 계단길과 만나게 된다. 이정표가 있다. 안지랑골 관리사무소에서 이곳까지 숲갈을 800m 걸었다는 사실을 알게 해주는 이정표이다. 앞산전망대와 왕굴까지의 거리는 표시되어 있지 않고 통일기원돌탑은 300m 가면 만날 수 있다고 알려준다. (다음 면의 지도부터 읽은 후 본문을 읽으시기 바랍니다.)

그런데 이곳부터는 올라가는 길이 숲길이 아니다. 어쩔 수 없다. 다행은 얼마 지나지 않아(200m) 삼거리가 나타나면서 다시 이정표가 있는데, 왼쪽으로 전망대까지 가는 길은 인공 돌계단 600m 오

르막이지만, 200m 직진하여 통일기원돌탑 좌우를 거쳐 정상으로 가는 길은 흙길이라는 점이다.

시청 누리집은 이곳 삼거리에서 왼쪽으로 들어 전망대를 거쳐 정상으로 가는 길을 소개하고 있다. 이 삼거리에서 전망대를 거쳐 정상까지는 1.6km쯤

되지만 오르막이 가파르지 않아 크게 어려울 것은 없다. 문제는 전망대까지 0.6km가 돌계단이 대부분이고 일부는 가파른 나무계단이라는 점이다.

전망대가 목표라 하더라도 이 길을 오르내리면 건강에 해롭다. 통일기원돌탑 앞에 가면 왼쪽으로 능운정에 닿는 500m 흙길이 있다. 이곳 삼거리에서는 700m쯤 된다. 중간에 너덜경 구경도 할 수 있다. 전망대에 들렀다가 더 이상 정상으로 가지 않고 하산할 경우에도 이 길을 걸어서 되돌아와야 건강에 이롭다. 정상에 가려면 능운정에서 500m 오른쪽으로 오르면 된다. 정상 바로 아래에 왼쪽으로 제2봉 산성산 2.1km, 오른쪽으로 제3봉 대덕산 1.1km 이정표가 있다.

정상에서 대덕산 방향으로 주능선을 380m 걸으면 오른쪽에 이정표가 있다. 왕굴까지 내려가는 데 360m라고 안내한다. 다만 왕굴까지 가는 이 길은 좁고 비탈이 어느 정도 있으므로 걸을 때 약간은 조심해야 한다.

그래도 왕굴에 가려는 계획이 있으면 이 길을

이용해야 한다. 그렇지 않으면, 정상에서 능운정으로 500m 내려 와, 다시 대덕산성 표지석에서 왼쪽으로 통일기원돌탑 앞 삼거리까지 500m 내려 와, 돌탑에서 400m 가파른 오르막을 올라 왕굴에 갔다가, 다시 내려와야 한다.

왕굴 바위 옆에 또 다른 전망대가 있다. '왕굴 전망대'이다. 정상에서 주능선로를 거쳐 왕굴로 내려온 답사자는 굳이 '앞산 전망대'에 가지 않아도 된다. 전망이 '앞산 전망대' 못지않다. 대구 시가지와 멀리 팔공산까지 바라본 다음, 오른쪽 계단 바로 아래에 있는 왕굴에 들어가 본다. 왕건이 927년 이곳에 숨어 견훤 군대의 수색을 피했다.

왕굴에서 400m쯤 내려오면 우리나라 최대 규모의 돌탑 '통일 기원 돌탑'이 있다. 시청 7코스를 걸으면 왕굴과 통일기원돌탑을 볼 수 없다. 힘들여 올라온 마음을 생각하면 얼마나 안타까운 일인가!

통일기원돌탑을 보고 걸어내려 와 안일사를 둘러본다. 답사를 마치면 안일사 바로 앞에 있는 화장실 오른쪽에서 시작되는 숲길을 선택한다. 760m를 걸으면 안지랑골 관리사무소에 닿는다. 신발을 터는 장치가 기다리고 있다.

물론 지금까지와 반대 순서로 걸어도 된다. 아니, 더 바람직하다. "통일기원돌탑 왼쪽으로> 능운정에서 오른쪽으로> 정상에서 오른쪽으로> 제2봉(대덕산) 가는 주능선 400m 가서> 왕굴로 내려가는 오른쪽으로 360m 걸어 전망대 도착> 왕굴> 통

일기원돌답"이 아니라, "통일기원돌탑 앞 약수터> 통일기원돌탑> 왕굴> 왕굴전망대> 주능선으로 올라가는 360m를 걸어> 주능선에서 왼쪽으로 400m 걸어> 정상> 능운정> 통일기원돌탑 오른쪽"을 선택하는 것이다.

[안자랑골-앞산 정상 왕복 최적 산행길]

16쪽 지도

▪안지랑골 관리사무소 앞 '⇦숲길' 이정표가 가리키는 방향으로 100m 들어가면 작은 삼거리>

▪오른쪽으로 400m 오르면 다시 삼거리(이곳에서 왼쪽으로 200m 가면 체육시설)>

▪오른쪽으로 200m 걸으면 다시 삼거리(이곳에서 왼쪽으로 700m 가면 체육시설)>

▪오른쪽으로 60m 내려가면 안일사, 왼쪽으로 100m 직진해서 가면 안일사에서 올라온 길과 만나는 삼거리>

▪이곳에서 왼쪽으로 200m 돌계단길을 올라가면 또 삼거리(이곳에서 왼쪽으로 600m 앞산전망대, 직진 200m 통일기원돌탑)>

▪직진하여 200m 가서 통일기원돌탑 앞 삼거리, 돌탑 오른쪽으로 400m 올라가면 왕굴>

▪왕굴 바로 오른쪽에 전망대>

▪전망대 바로 뒤로 나가 출입금지 밧줄 오른쪽으로 내려가 360m 가면 주능선에 닿아 삼거리>

▪왼쪽으로 주능선을 400m 가면 앞산 정상> 앞산전망대 방향으로 500m 하산하면 대덕산성 표지석과 능운정>

▪왼쪽으로 500m 내려오면 통일기원돌탑>

▪500m 하산해서 안일사 답사>

▪안일사 정면 앞 화장실 옆으로 들어가 60m 오르면, 올라올 때 걸었던 '숲길'과 만나 삼거리>

▪왼쪽으로, 올라온 길을 그대로 되돌아 걸어서 안지랑골 관리사무소 앞 '⇦숲길' 이정표 도착

용두토성 등산로 입구에서 산성산까지 3.7km

2코스(용두방천> 용두토성> 산성산)는 거리가 가장 긴 데서 짐작할 수 있듯이, 노약자에게는 어려운 길이다. 또 등산로 거의 마지막 지점에 급경사 계단도 있어 자못 사람을 위축시킨다. 그래도 이 길의 장점은

▪화산 흔적인 용두바위와 변성암들,

▪용두토성을 볼 수 있고(안지랑골 대덕산성은 일반인의 눈에 실물이 확인되지 않을 만큼 그 흔적이 멸실된 상태),

▪등산로 전체의 중간쯤에 설치되어 있는 '용두토성 전망대'에서 대구 시가지 전경(신천이 금호강을 향해 흘러가는 멋진 경치!), 수성못, 그 뒤 법이

'용두토성 전망대'에서 바라본 신천과 팔공산

산 일원 풍광을 시원하게 즐길 수 있다는 점이다 (안지랑골 '앞산 전망대'에서는 신천이 거의 보이지 않는다).

'용두토성 전망대'에서 바라본 신천과 그 동쪽 풍경

용두토성에서 '용두토성 전망대'까지는 1.3km, 산성산 정상까지는 3.0km이다. 그런데 고산골 입구 등산로 초입 안내판에서 용두토성까지는 0.7km이다. 즉 초입 안내판에서 전망대는 2.0km, 산성산 정상은 3.7km이다. (시청 누리집 안내에는 용두방천에서 산성산 정상까지가 4.4km로 소개되어 있지만, 일반인에게는 고산골-산성산 정상이 3.7km에 해당한다고 보면 될 듯하다.)

↑시멘트길이 아니라 흙길을 걸으라고 적극 인도하는 '트레킹 안내' 표지판

산길 오르기는 평지 도보보다 시간이 두 배가량 든다. 성인의 평상시 평지 도보는 1시간에 4km 간다. 즉 '용두토성 전망대'까지 2.0km 오르는 데에는 약 1시간, 산성산 정상까지 3.7km 오르내리는 데에는 약 2시간 걸린다. 산성산 정상까지 오르는 일이 무리라고 여겨지는 분은 '용두토성 전망대'까지만 갔다가 하산해도 충분하다.

현지 이정표는 이곳 전망대를 "사진 찍기 좋은 곳"으로 소개하고 있다. 게다가 이 길에는 시멘트 포장이 전혀 없다. 아주 멋진 등산로라는 말!

대구앞산 제2봉 산성산을 향해 오른다. "금강산 찾아 가자 일만이천 봉"에서 알 수 있듯이, 대구앞산은 정확하게 말하면 "제일봉(현재 통칭 '앞산'), 산성봉(제2봉 '산성산'), 대덕봉(제3봉 '대덕산'), 월배봉(산성산과 앞산 정상 사이 주능선의 '월배산'), 비파봉('비파산', 앞산전망대 일원), 용두봉('용두산', 용두토성 일원)", 사방봉('사방봉', 가창댐 둑 위쪽)으로 불러야 옳다.

'용두토성 전망대'에 가면, 앞에서 강조했듯, 대구앞산에서 볼 수 있는 최고의 전망을 구경할 수 있다. 대구의 상징 신천이 도심 한가운데를 흐르는 눈부신 절경이다. 대구 제일의 호수 수성못도 보인다. '앞산 전망대'에서는 이 풍경을 볼 수 없다.

이제 하산해도 좋다! 시멘트 포장이 전혀 없는

흙길을 한 시간 올랐고, 기가 막히는 절경을 누렸으니 이만하면 운동도 충분히 되었으며, 눈호강도 마음수련도 흐뭇할 만큼 했다. 용두토성도 보았다.

하산길에는 등산로 초입까지 가지 말고 용두토성 앞 체육시설에서 왼쪽으로 임도를 따라 법장사에 간다(24쪽 지도). 법장사에는 앞산 유일의 문화유산 지정 석탑이 있다.

법장사를 둘러본 뒤 (이제는 어쩔 수 없이 포장길을 300m쯤 걸어서) 천천히 내려오면 앞산자락길 중 '맨발산책길'로 들어서는 다리가 왼쪽에 있다. 맨발걷기를 하는 사람들이 종종 보인다.

직진해도 역시 흙길이다. 왼쪽의 계곡 물길을 따라 100m쯤 내려오면 건열(오랫동안 물속에 잠겨 있다가 햇빛에 노출되면서 바위에 갈라진 선이 남은 흔적, 72쪽 사진) 안내판이 있다. 이런 산중에서 발견되는 건열은 대구가 아주 옛날 땅이 아니라 거대 호수였다는 사실을 말해주는 증거물이다.

더 내려오면 공룡공원이 있다. 공룡발자국이 발견되었기 때문에 공룡공원이 조성될 수 있었다. 세계에서 인구 200만 넘는 대도시 중 유일하게 공룡발자국을 거느리고 있는 곳이 대구광역시이다. 어찌 그것을 아니 보고 돌아갈 것인가?

주차장 첫머리, 금안사 아래에 공룡발자국이 있다. 연흔(오랫동안 물가에 위치한 까닭에 바위에 물결자국이 남은 흔적, 73쪽 사진)도 함께 있다. 공룡발자국과 연흔도 대구가 아주 옛날 거대 호수였다는 사실을 증언해주는 자연유산들이다.

지금까지 다닌 길을 정리해 본다.

▪고산골 입구 용두바위> 화산 흔적 변성암> 용두토성> 최고의 대구 경관을 보여주는 용두토성 전망대> 법장사 삼층석탑> 건열, 연흔, 공룡발자국

용두토성을 거쳐 전망대로 올랐다가 내려와 공룡발자국을 감상하는 이 길은 대구앞산 최고의 등산로라 할 만하다.

용두토성 전망대에서 하산하지 않고 계속 올라 산성산 정상까지 갔으면, 거기서 앞산 정상 쪽으로 주능선을 900m쯤 걸어 '주상절리'를 감상하고, 다시 산성산 쪽으로 100m 되돌아 와 고산골로 하산한다. 그렇게 해야 '잣나무 단지'와 법장사 신라 석탑을 다시 산으로 오르지 않고 답사할 수 있다.

고산골로 하산하기 시작하면 2분 만에 '잣나무 단지'가 나타난다. 숲 사이사이에 벤치가 마련되어 있어 한참 누워 쉴 수도 있고, 심지어 낮잠이나 독서를 즐길 수도 있다.

오솔길을 줄곧 걸어 화장실 직전까지 내려오면(하산길 전체의 중간쯤으로, 주능선 삼거리에서 30분가량 걸린다) 갑자기 포장도로가 나타난다. 그 시멘트 포장길을 걸으면 안 된다. 매우 해롭다. 계곡을 따라 이어지는 '트레킹 길' 안내판(24쪽 사진)

이 곳곳에 있으니 반드시 그 길을 가야 한다.

신라시대에는 '고산사'라 불렸던 법장사의 삼층석탑, 건열, 공룡공원, 공룡발자국, 연흔을 본다. 그 아래에 식당가가 있고, 길에는 '메타세쿼이아 길'이라는 이름이 붙어 있다.

이렇게 걸으면 시청 누리집의 2코스와 3코스를 단숨에 걷게 된다. 일석이조!!

시청 누리집 '앞산 등산 코스'에 없는 세 길을 소개해 본다. 첫째, 앞산 종주길이다. 둘째, 평안동산 산책길이다. 셋째, 가창호 둘레길이다.

대구앞산은 시내에서 바라볼 때 제2봉(산성산)이 가장 동쪽에(왼쪽에), 제3봉(대덕산)이 가장 서쪽에(오른쪽에) 있다. 제1봉(앞산 전체의 정상)은 그 가운데에 있다. 대덕산은 주능선에 가려서 보이지는 않는다. 주능선 종주를 하려면 '산성산> 앞산> 대덕산' 순이나, 거꾸로 '대덕산> 앞산> 산성산' 순으로 걸어야 한다.

종주길 걷기는 왔다 갔다 하면 안 된다. 이미 걸은 길을 또 걷지 않아야 한다. '산성산> 앞산> 대덕산' 순으로 걸으려면 용두골 입구나 고산골 입구에서 시작하면 된다. 물론 앞에 언급대로, 용두골 입구보다는 용두토성과 전망대를 거치는 고산골 입구가 최고의 길을 걷는 출발점이다. 산성산에 올랐다가 주능선을 걸어 앞산까지, 다시 대덕산까지 간다. 대덕산에서 달비골로 하산하면 완벽한 종주!

- 고산골 용두토성 입구 – 3.7km – 산성산
- 산성산 – 2km – 앞산 정상
- 앞산 – 1.1km – 대덕산
- 대덕산 – (임휴사) 1.8km – 달비골

반대로 종주하면, 달비골에서 임휴사를 거쳐 대덕산, 앞산, 산성산을 두루 답사한 후 달비고개로 내려와 평안동산을 거쳐 하산한다. 이때 평안동산에서 청소년 수련관까지 하산할 때 앞산 비탈로 나 있는 넓은 길이 아니라, 청룡산 기슭에 나 있는 숲길을 걷는 것이 중요하다. 온전한 오솔길이다. 평안동산에서 달비골 관리소로 내려가는 길은 일부(월곡지 위까지)가 시멘트 포장도로이므로 걸으면 안 된다. 월곡지까지 내려와 못둑을 건너 달비골 관리소로 내려가다가 조선국권회복단 통령 윤상태 지사 별서를 둘러보고 완전히 길을 마친다.

- 청소년 수련관 – (임휴사) 1.8km – 대덕산
- 대덕산 – 1.1km – 앞산 정상
- 앞산 – 2km – 산성산
- 산성산 – 0.4km – 달비고개
- 달비고개 – 3km – ▪청소년 수련관

산성산에서 달비고개를 거쳐 달서구 청소년 수련원으로 내려오는 하산길을 안내하면서 자연스레

'평안동산 산책로'가 일부 소개되었다. 이 길은 평온한 등산을 원하는 분들에게 추천할 만하다. 평안동산 산책로가 산성산에 올라가는 것이 아니라 청소년 수련관과 평안동산을 왕복하는 코스라는 점을 감안해 다시 소개해 본다. 청소년 수련원 주차장 끝에서 출발해 월곡지 오른쪽 청룡산 비탈로 난 앞산자락길을 1.9km 걸어서 평안동산에 닿는다.

평안동산에서 잠시 쉰 뒤 돌아서서 정자 왼쪽의, 올라올 때 왔던 길로 내려온다. 중간쯤에서 월곡지 못둑으로 들어가 물도 보고 산도 본다. 못둑에서는 달비골 관리소로 내려오는 길을 선택한다. (이렇게 코스를 잡으면 앞산 비탈로 개설되어 있는 평안동산~월곡지 사이의 시멘트길을 피할 수 있다.) 못둑과 달비골 관리소 사이에 윤상태 지사 별서 첨운재가 있다. 1915년 2월 28일 안지랑골 안일사에서 창립된 조선국권회복단을 결성하기 위해 대구의 독립지사들이 준비를 했던 곳이다.

지도에는 '가창댐 둘레길'로 나오지만 지금은 '가창호 둘레길'로 소개하려 한다. 달성군 가창로 1081-6 용계교를 앞두고 오른쪽 길로 들어가면 '10월항쟁 희생자 위령탑'이 있다. 탑 100m 앞에서 오른쪽 산으로 올라가는 길 입구가 시작된다. 하지만 이 길은 등산로가 아니라 '가창호 둘레길'이다. 호수를 왼쪽에 두고 3.5km를 걸으면 종착지 오1리(양지마을)에 닿는다.

둘레길 입구에서 1.3km 가면 삼거리가 나타난다. 오1리까지 2.2km 남은 지점이다. 길의 난이도가 달라 시간은 둘 다 각각 30분쯤 걸리는데, 이 삼거리에서 오른쪽으로 1시간30분 가면 달비고개에 닿는다.

달비고개로 가는 길은 걸어보면, 전체의 중간쯤에 길 흔적이 흐릿해 사람들이 거의 다니지 않는다는 표시가 저절로 난다. 그때쯤이면 오른쪽에 너덜경이 많고, 퇴색해 글자를 알아볼 수 없는 산악회 리본들이 이정표 역할을 해준다. 마지막 10분가량 남기고 산성산-용계교를 잇는 등산로로 가는 작은 다리가 있다. 다리 왼쪽으로 가면 달비고개이다.

앞산 자락길

고산골 메타세쿼이아길

'앞산 자락길'은 고산골 메타세쿼이아길에서 달비골 청소년수련관까지 이어진다. 등산로가 아니라, 앞산순환도로에서 일정 높이의 이격거리를 두고 등고선을 따라 기존 산책로와 오솔길을 산자락부에 자연스럽게 연결해 둔 길로, 누구나 편안하게 걸을 수 있다.

* 구간 : 고산골 메타세쿼이아길~ 달비골 청소

년수련관, 총길이 15km, 폭 1.2m 정도, 다 걷는데 총 6시간 정도 걸린다.

* 세부 코스

- 1코스 1.9km 35분
  고산골 메타세쿼이아길~강당골
- 2코스 2.3km 약 55분
  강당골~케이블카
- 3코스 24km 약 1시간
  케이블카~안지랑골 안내소
- 4코스 1.4km 약 30분
  안지랑골 안내소~황룡사 입구
- 5코스 3.2km 약 1시간20분
  황룡사 입구~달비골 관리소
- 6코스 3.8km 약 1시간 40분
  달비골 관리소~평안동산~청소년 수련관

앞산자락길의 마지막을 장식하는 월곡지 옆 돌탑길

■ 앞산의 대표 5골

용두골

고산골

큰골

안지랑골

달비골

용두골

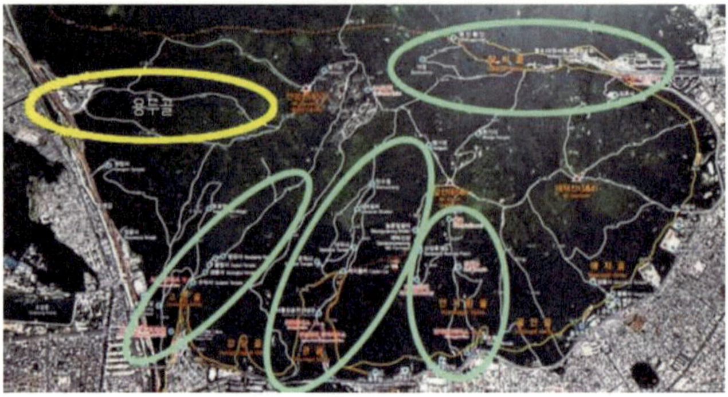

대구 도심 남쪽에 우뚝 솟은 앞산은 해발 658m의 높지 않은 산이지만, 오랜 역사를 품고 있을 뿐만 아니라 기나긴 세월 동안 지역민들과 희로애락을 함께 해온 명산이다.

앞산은 신라시대부터 군사적 요충지로 활용되었는데, 그러면서도 불교문화와 민속신앙의 흔적도 많이 남아 있다. 근대 이후에는 시민들의 휴식처로 자리를 잡았다. 앞산은 단순한 산이 아니라 대구의 역사와 문화, 그리고 시민의 일상이 어우러진 공간이라 하겠다.

'골'은 일반적으로 지명이나 골짜기 이름으로 사용되는 어휘이므로, 용두龍頭골은 '용의 머리처럼 생긴 골짜기'라는 뜻이 된다. 그런데 용두골에는 용머리가 없고 용의 꼬리가 있다. 용의 머리는 고산골에 있다. 용의 머리가 있는 곳은 이미 고산골이라는 이름이 있어서 용의 꼬리가 있는 이곳 파동 골짜기에 용의 머리를 의미하는 용두골이라는 이름이 붙어졌다. 용미龍尾골에 용두골이라는 이름을 붙인 셈이다.

산으로 가고 싶은 마음을 사라지게 만드는 용두골 입구

가로로 줄이 있어 퇴적암이라는 사실을, 화산 폭발 용암에 그을려 검게 변해 있어 변성암이라는 사실을 알게 해주는 고산골 입구 용두바위 첫머리(상동교에서 고산골로 걸어 들어가 터널의 끝 왼쪽)

역사 유적은 없지만 용두골은 산행과 산책하기에 좋은 곳이다. 하지만 일반적인 산의 입구와 다르게 도로 때문에 용두골은 어두운 굴을 지나야 안으로 들어갈 수 있다.

'용두토성龍頭土城'의 어원이 된 '용두골'은 용두토성이 위치하는 고산골 끝자락의 '용두바위'에서 유래했다. 즉 용두바위가 있는 봉우리라 해서 '용두산'이 되었고, 용두산에 있는 성이라 해서 '용두산성(=용두토성)'이 되었다. 산성산 이름도 마찬가지로, 용두산성이 있는 봉우리라 하여 그렇게 불리게 되었다.

용두골도 마찬가지이다. 용두바위는 본래 1억 년 전에 생성된 퇴적암이었는데, 7천만 년 전 화산 폭발 때 용암이 덮쳐 단단하고 검은 변성암이 되었다. 이는 앞산이 화산 폭발 지역이었다는 사실을 알게 해준다.

대표 용두바위 : 신천과 고산골 사이 용두산 일원 암석지대는 앞산 전체로 볼 때 앞으로 길게 튀어 나와 있어 마치 용머리를 연상시킨다. 그래서 "용두바위"라 불렸다. 사진은 용두산 전체 중에서도 특히 용머리를 연상시키는 대표 용두바위이다. 수성구에서 상동교 아래 징검다리를 넘어 걸어서 고산골로 갈 때, 신호등이 설치되어 있는 횡단보도를 건너면 바로 터널인데, 그 터널 왼쪽 신천대로 교각 아래로 들어가면 볼 수 있다.

용두골 입구에 수달 보호 구역이 있다. 수달은 야행성으로, 물가의 바위틈새 구멍이나 큰 나무뿌리 밑동 등에 서식한다. 활동반경은 상당히 길어서 수컷이 15km, 암컷이 7km가량 된다. 수생태계의 최상위 육식성 포식자인 수달은 물고기, 개구리, 물새, 갑각류 등을 잡아먹는다. 1~2월에 번식하는데, 약 70일의 임신기간을 거쳐 보통 2마리 정도의 새끼를 낳는다.

주로 하천을 따라 사는 직선형 활동 영역을 가지기 때문에 수달은 국내 전역에 분포해도 서식 밀도는 매우 낮은 것으로 볼 수 있다. 수달은 수환경 건강도를 판단할 수 있는 수환경 지표종이며, 수생태계의 먹이사슬을 균형 있게 조절해주는 핵심종 역할을 한다.

수달에 관한 해설은 용두골 입구 수달보호구역만이 아니라 대구백화점 아래 신천변 '수달의 꿈' 조형물(38쪽)과, 그 인근 안내판에서도 볼 수 있다, 아래는 안내판의 전문이다.

"수달 주요 서식지는 파동 고가교 부근, 수성교~대봉교 사이, 침산보 등입니다. 특히 파동 고가교 인근은 수달의 흔적이 다수 발견되어 대구시는 파동 고가교 부근에 수달의 서식 환경을 개선하기 위해 모래웅덩이, 돌무더기, 은폐 식재 등을 설치하고, 보행 공간을 정비하여 사람과 수달이 공존할 수 있는 친환경적 수변 공간을 조성했습니다.

대구 신천의 수달은 도심 하천 생태계의 건강성을 나타내는 중요한 지표species입니다. 수달의 안정적인 서식을 위해서는 지속적인 서식 환경 개선과 시민들의 관심, 그리고 체계적인 보호 정책이 필요합니다."

250만 명이 사는 대도시를 가로지르는 하천에
천연기념물인 수달이 산다는 것은 세계적 자랑거리다.

'수달의 꿈' (대구백화점 인근 신천변)

수달의 꿈

거품을 물고 일어난
흙빛 시궁창이
너무도 옛날을 그립게 해
수달은 맑고 깊은 꿈을 꾼다

하늘에 무겁게 걸린
먹의 산성비가
밝은 미래를 검게 덮어버려
수달은 맑고 깨끗한 꿈을 꾼다

친구와 옹기종기
모여 놀던 그 강이
내일로 하여금 다시 가고파
수달은 깨끗한 강의 꿈을 꾼다

수달 보호 구역 (수성구 파동 용두골 입구)

"들어가지 마세요!"

수달보호구역에서 신천변을 따라 300m쯤 내려오면 '파동 바위그늘'이 있다. 바위그늘이라는 이름이 생소하여 현지 안내판부터 읽어본다.

[이름] 파동바위그늘

[주소] 파동 산112번지

[시대] 청동기시대

바위그늘은 신천변에서 약 30m정도 떨어져 있으며, 신천과는 완만한 경사를 이루면서 연결되나, 바위그늘 뒤쪽은 비교적 경사가 급한 산사면이다. 바위그늘의 크기는 가로 8.5m, 높이 3m 정도이며, 재질은 화강암이다.

형태는 전체적으로 앞쪽이 좁고 뒤로 갈수록 폭이 넓어지는 평면 사다리꼴 모양이다. 앞면은 비교적 편평하며, 측면에서 보았을 때 위쪽이 아래쪽보다 약 2m정도 돌출되었고, 30도 가량 비스듬하게 기울어져 있어 비바람을 피할 수 있는 지붕 역할을 했을 것으로 생각된다.

[사진] 발굴하는 모습

[협조 말씀] 이곳은 중요한 문화재가 있는 지역이므로 농사짓는 일과 낙서, 촛불기도 등 무속행위를 금지하여 주시기 바랍니다.

바위그늘(=암음岩蔭)은 비스듬하게 서 있는 큰 바위나 절벽 아래에 형성된 공간에서 발견된, 선사시대 사람들의 생활 흔적이 남아 있는 유적을 말한다. 비스듬한 거대 바위 아래는 그늘이 만들어지고, 비와 바람을 막아

촛불기도 금지
예방에 적극적인 협조를 당부드립니다.

주는 구조가 생성되므로 아직 집을 만들지 못했던 인류 초기의 임시 거처, 생활공간, 무덤 등으로 활용되었다. 바위그늘은 구석기~신석기 시대까지의 생활 도구, 불 피운 흔적, 동물 뼈, 토기 조각 등 다양한 유물이 발견된다는 역사문화적 가치가 있다.

바위그늘은 동굴과 달리 채광이 가능하고 물가와 가까운 곳이 많아 실제 거주 흔적이 더 뚜렷한 경우도 많다. 파동 바위그늘은 신천에서 약 30m 떨어진 곳에 위치하며, 바위그늘 뒤쪽은 급한 경사의 산사면으로 이루어져 있다. 이곳 바위그늘의 규모는 너비 8.8m, 깊이 2m, 높이 4.8m이며, 화강암 재질이다.

형태는 앞쪽이 좁고 뒤로 갈수록 폭이 넓어지는 평면 사다리꼴로, 위쪽이 아래보다 약 2m 정도 돌출되어 있어 비바람을 피할 수 있는 구조이다. 또한 청동기시대 민무늬토기 조각, 강돌, 갈판, 긁개 등과 삼국시대 토기편, 고려-조선시대 자기편 등이 확인되었으며, 출토된 유물은 현재 국립대구박물관에 보관되어 있다.

참고로, 한국학중앙연구원 향토문화전자대전의 '대구 파동 암음유적大邱巴洞岩蔭遺蹟'을 살펴보면 아래와 같다.

[정의] 대구 수성구 파동에 있는 청동기시대의 바위그늘 유적. * 필자 주: 바위그늘은 보통 구석기시대의 주거유적으로 인정되지만 이곳 바위그늘에서는 발굴 결과 구석기유물이 출토되지 않았기 때문에(청동기시대 이후 유물만 나왔기 때문에) 청동기유적으로 본다는 뜻.

[개설] 대구 파동 암음유적大邱巴洞岩蔭遺蹟은 국립대

구박물관에서 학술 조사 사업의 일환으로 2000년 12월 6일부터 2000월 12월 23일까지 발굴 조사를 실시하였고, 이후 신천 좌안 도로 건설과 관련하여 2012년 7월 16일부터 2012년 8월 9일까지 대동문화재연구원에서 발굴 조사하였다.

조사 결과 바위그늘 전면부에서 청동기시대 유물 포함층이 확인되었고, 주변부에서 남북국시대 돌방무덤[石室墓]과 제사 지내는 곳[祭祀處], 시기 미상의 토광묘 2기가 확인되었다. 청동기시대에서 조선시대에 이르는 토기류, 석기류, 금속류 등의 유물 조각도 다수 출토되었다.

[위치] 대구 파동 암음유적이 있는 대구광역시 수성구 파동은 신천의 중상류 지역으로 서쪽의 산성산[653.4m], 동쪽의 법이산[333.9m] 사이 긴 협곡 지역이다. 신천 동안에는 좁은 충적지가 형성되어 있으나 서안에는 산성산 자락이 바로 이어진다.

대구 파동 암음유적은 신천 서안, 즉 산성산 동쪽에 형성된 용두골이라고 불리는 작은 골짜기 입구의 남쪽에 있다. 동쪽에 바로 연접하여 신천이 흐르고 있다.

바위그늘은 신천에서 가깝다. 거리 30m가량.

[형태] 신천에서 약 30m 정도 떨어져 있다. 신천과는 경사면을 이루면서 연결되나, 바위그늘 뒤쪽은 비교적 경사가 급한 산사면이다. 바위그늘 앞쪽에는 떨어져 나온 것으로 보이는 낙반석(落磐石)이 있다. 바위그늘 전면부는 5개의 층위로 구분되어 있다.

파동바위그늘은 신천 쪽으로 급하게 기울어져 있다.

I 층은 표토층으로 교란된 층이며, 백자편·청자편·기와편이 수습되었다. II층은 삼국시대에서 남북국시대에 이르는 문화층으로 경질 토기 조각과 굽다리접시[高杯], 사발[碗], 뚜껑[蓋] 등이 출토되었다.

III층은 신천 범람에 의하여 생긴 퇴적층이다. IV층은 청동기시대 문화층으로 바위그늘과 낙반석 사이에서만 확인되었다. 민무늬토기 조각과 갈돌[磨石], 갈판[碾石], 홈자귀[有構石斧], 격지[剝片] 등이 확인되었다.

V층은 단단한 고토양층이다. 바위그늘의 규모는 너비 8.8m, 깊이 2m, 높이 4.8m이며, 암질은 화강암이다. 형태는 전체적으로 앞쪽이 좁고 뒤로 갈수록 폭이 넓어지는 평면사다리꼴의 암괴이다.

바위그늘의 주체부에 해당하는 암석의 앞면은 비교적 편평하며, 측면에서 보았을 때 위쪽이 아래보다 약 2m 정도 돌출되었고, 30°가량 기울어져 있다. 구조적으로 협소하며, 장기간 거주할 수 있는 공간으로 사용하기는 어려운 것으로 파악된다. 그러나 식량을 가공하는 갈돌과 갈판 등이 확인되는 점에서 어떠한 형태로든 생활공간으로 이용된 것은 분명하다. 수렵이나 채집 활동 시 임시로 머물던 야영지와 같은 성격의 유적일 가능성이 있다.

[현황] 대구 파동 암음유적은 전면 발굴 조사 이후 신천 좌안 도로 노선이 교량으로 변경되고 교량 기초 부분의 위치가 조정되어 원형 그대로 보존되어 있다.

[의의와 평가] 대구 파동 암음유적에서 북쪽으로 신천을 따라 내려가면 대구광역시 수성구 상동과 대구광역시 남구 이천동, 대구광역시 중구 대봉동 일대에 청동기시대 고인돌 유적과 마을 유적이 형성되어 있고, 남쪽 신천 상류부에도 대구광역시 달성군 가창면 냉천리와 대구광역시 달성군 가창면 대일리에 고인돌 유적이 형성되어 있다. 대구 파동 암음유적은 청동기시대 신천을 이용한 경제 활동과 관련되는 연구에 기초 자료로 활용할 수 있을 것으로 기대된다.

아직 발굴되지 않았지만 구석기시대 바위그늘이 아닐까 여겨지는 (작은 동굴도 가진) 기이한 거대 암석이 '파동 바위그늘' 인근에 있다. 현지 답사 때에는 이곳도 둘러보는 것이 좋다. 작은 동굴 형태이므로 안에 들어가서 밖으로 내다보는 파동 경치 감상이 신선하다.

이공제비

이공제비李公堤碑는 대구광역시 수성구 상동교 아래 이서공원에 있다. 용두골이 아닌 곳에 세워져 있는 이공제비를 지금 살펴보는 것은 용두골에서 신천을 따라 내려가면서 답사할 때 만나는 문화유산이기 때문이다. 용두골을 둘러보면서 신천과 이공제비에 무관심할 수는 없다. 바꿔 말하면 고산골 답사 때에도 신천과 이공제비는 관심 대상이라 하겠다.

이공제비각(상동교 아래)

이공제비는 조선 후기 대구판관 이서李漵의 치적을 기리기 위해 세운 송덕비이다. 흔히 전해지는 말은 "정조 때 대구판관으로 부임한 이서가 사재를 털어, 상동교에서 봉덕동을 지나 대구 시내로 흐르던 신천을 지금의 물길을 따라 흐르도록 바꾸는 대규모 치수 사업을 시행함으로써 백성들의 홍수 피해를 막아주었는데, 그 후 신천이라는 이름이 생겼다. 그의 공로를 기리기 위해 주민들이 제방을 '이공제李公堤'라 명명하고, 송덕비를 세웠다."식이다.

그러나 이서가 1778년 지금의 신천 물길을 만들었다는 것은 성립될 수 없다. 그 까닭은 1425년 발간된 경상도지리지, 1454년에 나온 세종실록지리지, 1531년의 신증동국여지승람에 이미 신천의 지명이 존재하고, 16c

후반의 팔도여지지도와 1698-1703년의 광여도에도 신천 물줄기가 지금과 같으며, 가창에서 흘러온 신천은 자신보다 훨씬 지대가 높은 시내 중심부로 올라갈 갈 수 없기 때문이다. 신천 강물이 상동교에서 용두토성 앞 봉덕동으로 거슬러 올라 대구 시내로 흐르던 것을 이서가 지금의 흐름으로 바꾸었다는 설명은, 그 일이 개인 돈으로 집행할 수 있는 규모의 공사가 아니라는 점에서도 사실이 될 수 없다.

이공제비각 안에 빗돌이 셋이나 있는 까닭

이서(1732~1794)는 조선 정조 때 대구판관으로 재직했던 인물로, 대구 읍내가 해마다 홍수를 겪는 것을 확인한 이서는 1778년 사비를 들여 둑을 쌓음으로써 물길을 바꾸었다. 이서가 세상을 떠나고 3년 뒤인 1797년(정조 21) 대구 백성들은 그의 업적을 기리기 위해 기념 빗돌을 세웠다. 비에는 '이공제비李公堤碑'라는 이름을 붙였다. 이서 공이 둑堤을 쌓은 것을 기려 세워진 비석이라는 뜻이다.

1808년(순조 8) 대구 백성들은 좀 더 크고 모양이 뛰어난 이공제비를 다시 세웠다. 그 후 1898년(광무 2) 대구에는 재차 대홍수가 나서 이공제의 일부가 무너졌는데, 이때 군수 이범선이 신속하게 보수 공사를 잘 마무리하여 큰 피해를 막을 수 있었다. 이에 백성들이 '군수 이범선 영세불망비'를 세웠다. 그래서 현재 비각 안에 비석이 세 개 보존되어 있다.

'신천' 이름의 연원

신천은 대구의 중심을 흐르는 하천이다. 용두골 입구 등 신천은 수달 서식지이기도 하다. 신천은 옛 대구의 중심을 흐르는 대구천과 동쪽 금호강 사이, 또는 대구 읍성과 대구부의 속현인 수성현 사이를 흐르는 사이내 혹은 새내였다 그것이 한자로 표기하는 과정에서 신천新川이 되었다. 신천은 새로운 천이 아니라 사이천間川의 뜻이다.

앞산 비탈에 고가도로가 놓이기 이전의 (파동 지역) 신천 풍경

영남대로

조선시대의 영남대로는 현재의 경부고속도로에 해당된다. 임진왜란 당시 청도에서 밀려온 일본군은 팔조령을 넘은 후 파동과 상동 신천 물가를 따라 대구읍성으로 진격했다. 그러므로 수달을 보호하고 있는 용두골 입구와 용두토성 아래 상동교 일원은 임진왜란 때 일본군이 지나간 행군로 인접 지점이다. 일본군은 경산에서 시지를 거쳐 범어동 방향으로 쳐들어오지 않았다. 수달 보호 구역과 파동 바위그늘을 답사할 때 1592년에 일본군이 행군하는 광경을 떠올려 볼 수 있어야 진정한 역사여행이 된다.

임진왜란 때 왜병의 모습(망우공원 임란의병관 사진)

고산골

수성구에서 상동교를 건너 고산골로 걸어서 들어갈 때 신천대로 고가도로 아래 터널 벽면의 시커먼 변성암을 보게 된다. 본래 퇴적암이던 것이 용암의 영향으로 단단하고 검은 빛깔의 변성암으로 변한 것이다. 이 변성암들은 대구 앞산이 화산 지역이었다는 사실을 말해주는 증거물이다. (35쪽, 36쪽 사진 참조)

대구 남구 봉덕동의 고산골은 평범한 산자락처럼 보이지만, 그 안에는 역사가 깃들어 있다. 나지막한 숲길을 따라 걷다 보면 공룡 발자국화석과 시대의 흔적을 품은 법장사 삼층석탑이 속삭이듯 모습을 드러낸다. 용두산성에서는 대구상업학교 태극단 학생들이 조국 독립을 꿈꾸며 군사 훈련을 하던 소리가 들리는 듯하다.

고산골의 '고'는 한자로 高이다. 대구의 도시 규모가 현재의 시내 수준으로 작았던 옛날에는 고산골이 멀고

높은 곳이었다. 통일신라 때 이곳에 고산사高山寺라는 절이 있었고, 그 사찰명에서 골짜기 이름도 유래했다. 즉 대구 수성구 시지 지역의 고산孤山과는 다르다. 시지의 고산은 비록 높이는 얕지만 평지에 홀로 솟아 있다고 하여 '외로울 孤'가 쓰였다.

용두토성 안내판(현지에 다섯 개의 안내판이 세워져 있다.)

용두토성

용두토성 안내판은 모두 다섯 개가 있다. 용두토성으로 올라가는 등산로 입구 두 곳, 그리고 토성 현지에 세

곳이다. 안내판에 따르면, 용두토성은 대구에서 청도로 가는 신천변 길목에 위치한 용머리처럼 이어진 산줄기에

쌓은 산성으로, 청도 방향에서 침입하는 적을 방어하기 위하여 축조된 것으로 추정된다.

성벽에서 석축 형태가 보이지 않는 점으로 볼 때 토성으로 축조된 듯한데, 규모는 성 둘레 약 981m, 면적 약 35,226㎡, 길이 남북 약 443m, 너비 21~126m이다. 성 안에는 주변 일대를 살펴보고 경계를 할 수 있는 보루(요즘 표현으로는 초소) 2개와 사람들이 머물 수 있는 평지가 있고, 발견된 기와와 토기편(흙그릇조각)들로 보아 성 안에 사람들이 거주했음을 알 수 있다. 보루 주변에서 발견된 유물은 이 토성이 통일신라 말~고려 초에 축조된 것으로 추정하게 해준다.

1) 위치와 구조

고산골 메타세쿼이아길에서 좌측 계단을 오르면 용두토성으로 이어지는 능선에 닿는다. 토성은 그리 크지 않아 부담 없는 산책 코스로 이용되기도 한다. 성벽은 자연지형을 따라 타원형으로 축조되었으며, 흙과 돌을 섞은 구조로 되어 있다.

2) 역할

앞산자락이 평지를 향해 내려와 봉덕동과 상동교에 닿는 지점, 즉 팔조령 쪽에서 신천 계곡을 따라 공격해 오는 적을 지키기 적당한 지점에 위치한다. 따라서 주로 신천 북쪽과 청도 방면 등 외부 침입 경로를 감시하고 방어하는 요새 또는 비상용 진지로 추정된다.

3) 지명과 설화적 의미

'용두龍頭'라는 이름은 '용이 머리를 든 형상'이라는 지형 해석에서 유래했으며, 지역 설화나 풍수에서도 용의 형국에 비유된다. 앞산 전체가 용의 신체에 비유되는데, 용두토성은 그 머리에 해당하는 지점으로, 전통적 지형 감각과 어우러진 문화 공간이다.

4) 가치와 의미

용두토성은 지정문화유산으로 관리되지는 않지만, 지역 토성 연구와 삼국 이후 초기 시대의 지형 활용 구조를 이해하는 데 중요한 사례이며 공룡발자국화석, 법장사 삼층석탑 등 고산골 내 다른 유산과 함께 자연·역사·전통설화가 교차하는 공간으로서 의미가 크다.

고산골 답사 순서 : 용두토성 > 트레킹 코스를 걸어 잣나무 단지 > 주상절리 > 잣나무 단지 > 법장사 > 성불사 야생화 > 건열 > 공룡공원 > 공룡발자국, 연흔

앞산 주상절리

앞산 주상절리는 주능선 길에 위치한다. 본 주상절리는 중생대 백악기 후기(약 7천만 년 전) 화산 폭발로 인해 분출된 용암이 흘러가던 중 급격히 식어 만들어진 것이다.

주상절리는 용암이 식을 때 부피가 수축되면서 갈라진 면을 만들어 놓는데 그 횡단면이 오각형, 육각형 형태로 기둥을 닮았다 하여 주상절리라 부른다.

우리나라에서 볼 수 있는 대표적인 주상절리에는 제주도 서귀포의 대포동 지삿개 주상절리를 비롯해 한탄강 일대, 울릉도와 독도, 광주 무등산의 서석대와 입석대, 그리고 경주 양남의 주상절리 등이 있다.

주상 절리는 기둥 모양의 암석 구조로, 분출된 용암이 급격히 식으면서 수축하며 5~6각형 기둥이 세로로 자라난 지형이다. 일반적으로 기둥의 단면은 오각형·육각형 모양이며, 길이는 수 미터에서 수십 미터에 이른다.

앞산 주상절리는 약 7천만 년 전, 백악기 후기 화산 활동 중 유출된 용암이 지표에서 급속히 냉각되며 만들

어졌다.

폭발 직후 형성된 단단한 기둥 구조가 오랜 풍화에도 잘 남아 있으며, 주변에는 부서진 '절리 파편'이 흩어져 있다.

규모는 제주나 한탄강 같은 대표 주상절리에 비해 작지만, 도심 인근에서 쉽게 관찰할 수 있는 희귀한 지질자원이다.

잣나무 단지

용두토성에서 주상절리로 올라올 때 지나왔던 잣나무 단지로 다시 내려간다. 올라오면서도 느꼈지만 과연 숲이 넓으면서도 기운이 시원하다. 단순히 공기가 맑아서 그런 느낌을 주는 것만은 아닌 듯하다. 곧게 하늘로 치솟아오른 당당한 모습만이 선사할 수 있는 잣나무 특유의 미덕이 아닐까 여겨진다.

이곳 잣나무 단지는 1983년에 조성되었다. 대형 산불이 일어나 황폐해진 산림 24ha를 잣나무를 심어 복구했다. 조그마한 안내판의 "잣은 성질이 온화하고 변비를 다스리며, 가래와 기침에 효과가 있고, 폐의 기능을 돕는다"는 해설이 재미있다. 사람들이 숲속 벤치 곳곳에 누워 삼림욕을 즐기면서 책도 읽고, 낮잠을 즐기기도 하는 풍경이 대도시에서 좀처럼 볼 수 없는 호사다.

법장사 삼층석탑

대구 앞산 고산골에 위치한 법장사 삼층석탑은 작지만 역사적인 의미가 깊은 문화유산이다. 이 탑은 원래 고산사라는 절에 세워졌던 것으로 전해지며, 신라 말 왕실의 후사를 기원하기 위한 불공의 상징물로 지어졌다는 전설이 있다.

기단부는 없어졌고 탑신은 3층 구조만 보존되어 있다. 1층 몸돌에는 기둥 조각이 있으며, 옥개석(지붕돌) 받침은 4단(또는 5단)으로 다소 평평한 경사를 보인다. 통일신라 양식을 따르나, 몸돌 높이 대비 비례가 과장되어 있다.

임진왜란 때 절은 모두 소실되었으나 이 석탑만 살아남았고, 이후 절이 다시 세워지면서 이 탑도 현재 자리로 이전되어 보존되고 있다.

요약하면, 법장사 삼층석탑은 통일신라 양식을 따르는 석탑으로, 절의 창건 전설과 함께 오래된 시간을 버

터낸 귀중한 신앙과 역사 유물이다. 소박하고 단아한 아름다움 속에 불교 신앙의 간절함이 깃든 석탑이다.

[현지 안내판]

이 석탑은 양식으로 보아 통일신라 때 만든 것으로 보인다. 본래 이중 기단의 3층 석탑이었을 것으로 추정한다. 석탑 기단부는 여러 장의 석재로 결합되어 있고, 아래 몸체에는 모서리 기둥이 돋을새김으로 되어 있다. 지붕돌 받침은 각층이 5단이다. 지붕돌 윗면의 빗물받이면은 경사가 완만하다.

탑에는 전설이 있다. 옛날 어느 임금이 왕자가 없어 잠도 못 자고 매일 걱정하다가, 봉덕동 고산골에 고산사라는 절을 짓고 백일기도를 드렸다. 임금이 백일기도를 드린 뒤 바로 왕자가 태어났고, 그 다음 해에 또 왕자를 하나 더 낳았다. 임금이 너무 기쁜 나머지 고산사에 3층 석탑을 세웠다고 한다. 이 전설에 따르면 이 절이 바로 고산사이다.

임진왜란 때 법장사 절이 모두 불타버렸고, 돌탑은 무너진 채 그대로 버려두었다. 1961년 법장사를 이곳에 건립하면서 이 무너진 돌탑을 대략 복원되었다.

'대략' 복원되었다는 표현이 특이하다. 오랜 세월 동안 풍화와 훼손으로 여러 곳이 사라졌고 침하되거나 깨져 있어 요즘 돌과 함께 복원했기 때문이다. 방치하기보다는 통일신라 석탑 구조와 미감을 유지하면서 후세에 남기기 위해 '대략' 복원도 매우 중요하다고 생각한다.

[국가유산청 공식 해설] 법장사에 있는 3층 석탑으로, 기단부基壇部는 파괴되어 원래의 모습을 알 수 없고 3층을 이루는 탑신塔身만이 차례대로 쌓여 있다.

탑신의 1층 몸돌은 면마다 양쪽에 기둥 모양을 새겼으며, 위층의 몸돌에 비해 지나치게 높아 보인다. 일부가 손상되어 있는 지붕돌은 낙수면의 경사가 완만하며, 밑면에는 4단의 받침을 두었다. 대체로 통일신라 석탑의

일반적인 양식을 따르고 있는 듯하나, 탑신의 1층 몸돌이 폭에 비해 지나치게 높아 불안정한 비례를 보이고, 지붕돌받침이 4단으로 줄어있는 등 전형 양식에서 조금 벗어나 있다.

전하는 말에 의하면, 탑이 있는 이곳은 원래 고산사高山寺가 자리잡고 있었던 곳이라고 한다. 임진왜란을 겪으면서 사찰은 모두 불에 타고 탑만이 무너진 채 방치되어 오다가 1961년 법장사를 새로이 지을 때 탑도 함께 복원한 것으로 보인다.

성불사 야생화

법장사에서 내려오는 길은 시멘트 도로이다. 산에 와서 이런 길이라니! 가슴 답답한 일이다. 하지만 300m만 가면 된다. 성불사와 수덕사 아래, 맨발산책길이 시작되는 다리까지만 가면 고운 흙길이 기다리고 있다.

사실 잣나무 단지에서 법장사까지 하산하는 길의 아랫부분 1/2가량도 포장도로이다. 따라서 길을 잘 선택해야 한다. (24쪽 사진과 27쪽 등산로 설명 참조)

건열, 연흔, 공룡발자국을 보러가는 길에 꼭 들러야 할 곳이 있으니 바로 성불사 경내이다. 특히 꽃철에는 더욱 그러하다. 성심 가득한 스님의 야생화 가꾸는 보시에 누구든 저절로 고개가 숙여진다.

스님의 애쓰심을 어찌 혼자만 즐길 수 있으랴. 사진으로 찍어 미처 눈호사를 누리지 못한 분들께도 퍼뜨려야 마땅하리라. "성불사 깊은 밤에~♬"의 그 성불사처럼 널리 알려진 노래를 품고 있지는 못하지만 야생화만은 이곳이 더 나을 것이다.

성불사와 수덕사 아래에서 맨발산책길과 메타세콰이아길이 나뉜다. 왼쪽으로 작은 다리를 건너면 맨발산책길로

들어서고, 직진을 하면 공룡공원을 지나 메타세콰이아길로 내려가게 된다. 맨발로 다니는 사람들을 종종 만난다.

100m남짓 걸으면 흔히 신발의 흙과 옷의 먼지 터는 기계 소리를 듣게 된다. 이때 길가 왼쪽 계곡 쪽에 안내판이 하나 보인다. 건열, 연흔, 공룡발자국에 대한 해설이다. 이곳에서는 건열이 가장 뚜렷하다. 연흔과 공룡발자국은 잠시 후 공룡공원 아래, 공영 주차장 끝자락에서 잘 볼 수 있다.

건열乾裂Mud crack

건열은 이토泥土(진흙), 점토粘土(찰흙), silt(모래보다 잘지만 진흙보다 굵은 입자)로 된 지층의 수분이 증발하면서 수축하여 다각형의 무늬 모양을 보이는 것으로 서호潟湖, 호소湖沼 주변, 해안가에서 볼 수 있다.

대구 앞산의 건열은 오랜 세월 동안 쌓인 퇴적암 속에 남아 있는 자연의 마른 흙갈라짐 흔적으로, 이 또한 앞산이 지닌 소중한 지질 유산 중 하나이다. 현지 안내판을 읽어본다.

[현지 안내판] 건열이란?

건열(Mud Cracks) 또는 수축균열은 진흙이나 점토가 습했다가 말라갈 때 생기는 갈라진 무늬입니다. 현재도 논밭이나 갯벌이 마르면서 비슷한 모양이 생기는데, 이 모양이 퇴적암 속에 화석처럼 굳어진 것이 바로 '건열 화석'입니다.

① 형성 시대: 중생대 백악기 후기 (약 8천만 년 전)

② 형성 환경: 당시 앞산 일대는 호수, 갯벌, 범람원 등 저수분 환경으로 추정되며, 주기적인 침수와 건조를 반복하면서 건열이 형성되었습니다.

③ 위치: 공룡 발자국 화석이나 연흔이 관찰되는 지역 근처의 퇴적암 표면에서 함께 나타납니다.

④ 형태: 다각형 또는 거북등처럼 갈라진 무늬 내부에 모래나 이질 물질이 다시 채워져 굳어져 있음. 단면에서는 V자형 균열 구조로 보이기도 함.

시내에 견줘 현격히 고지대인 이곳 앞산 고산골에 건열

이 있다는 것은 대구가 아득한 옛날 땅이 아니라 거대 호수였다는 사실을 말해주는 증거물이다. 연흔과 공룡발자국도 마찬가지이다. 연흔과 공룡발자국은 공룡공원보다 아래에 있지만 그 둘을 먼저 알아본다.

연흔漣痕Ripple mark

연흔은 지층 표면의 물결 모양으로, 지층 퇴적 당시에 또는 바람, 유수流水, 파랑波浪(파도물결)의 작용으로 형성된다. 해안, 하천 바닥의 모래땅 표면에서 흔히 볼 수 있다. 비대칭적인 수cm~10여cm에서 대칭적인 10cm~수m의 물결 모양을 나타낸다.

연흔은 물결무늬처럼 생긴 퇴적 구조로, 모래나 진흙이 물이나 바람의 흐름에 의해 형성된 자연적인 흔적이다. 흔히 하천, 갯벌, 호수 바닥, 또는 해안 지역에서 생기며, 고생물학자나 지질학자들은 이를 통해 고대 환경

古代環境을 추론한다. 현지 안내판을 읽어본다.

[현지 안내판] 앞산 연흔의 특징

① 위치 : 대구 앞산 고산골 일대, 특히 공룡 발자국 화석 인근 바위 면에서 관찰됨.

② 지질시대 : 중생대 백악기 후기, 약 8천만 년 전

③ 형성 환경 : 당시 이곳은 호수 또는 얕은 바다의 갯벌이었으며, 그 위를 흐르던 물결에 의해 모래 퇴적층에 연흔이 생겼습니다.

④ 보존 상태 : 단단한 암석으로 굳어진 상태지만, 비교적 뚜렷한 물결무늬 구조가 남아 있어 지질 교과서에서 보는 전형적인 연흔 형태와 유사합니다.

공룡발자국화석

대구 앞산에 있는 공룡 발자국 화석은 지질학적, 고생물학적으로 매우 귀중한 자연유산이다. 지질학백과에 따르면, 공룡[Dinosaur]은 중생대(2억5,100만 년 전부터 6,550만 년 전) 동안 지구에서 가장 번성했던 파충류 가운데 하나이다.

1842년 영국의 해부학자 리차드 오웬(Richard Owen)은 이전까지 알려지지 않았던 파충류 그룹에 대해 그리스어 Deinos(끔찍한)와 Sauros(파충류 또는 도마뱀)를 그리스어 Deinos(끔찍한)와 Sauros(파충류 또는 도마뱀)를 합쳐 dinosaur(공룡)이라는 용어를 사용했다.

현지 안내판은, 이곳 고산골 일원의 지질 시대가 중

생대 백악기 후기(약 8천만 년 전)였다고 해설한다. "이 지역은 과거에는 호수나 얕은 갯벌 지형이었으며, 진흙과 모래가 퇴적되어 공룡의 발자국이 남은 후 빠르게 퇴적물로 덮여 화석화되었다."

이곳에서는 다양한 크기의 공룡발자국이 관찰되는데, 일부는 10cm 안팎의 소형이고, 다른 일부는 30cm 이상의 대형이다.

이곳 공룡은 크게 조각류와 용각류로 대별된다. 조각류鳥脚類Ornithopoda는 초식성으로, 대부분 두 발로 걸었으나 간혹 네 발로도 걸었다. 이구아노돈, 하드로사우루스, 드리오사우루스 등이 있다. 용각류龍脚類 Sauropoda는 쥐라기에서 백악기에 번성한 공룡 무리로, 4족 보행을 하고 긴 목과 꼬리를 가진 초식 공룡인데, 지금까지 지구에 존재했던 가장 큰 생명체이다. 브라키오사우루스, 디플로도쿠스 등이 있다.

대구경북에 공룡이 많이 살았던 까닭

대구경북은 1억4,500만~6,600만 년 전 땅이 아니라 거대한 호수였다. 동쪽으로는 영덕과 경주 건천, 서쪽으로는 성주, 북쪽으로는 안동, 남쪽으로는 전남 광양에 이르는 직경 150km의 어마어마한 호수가 경북 전역을 뒤덮고 있었다.

그래서 경북은 지금도 전국 16개 광역 중 가장 많은 호수를 거느리고 있다. 전국 1만7,505개 호수 중 32%인 5,547개 호수가 경북 도내에 있다. 대구도 1970~90년대의 광풍 같은 개발 이전까지는 영선못, 감삼못, 범어못, 배자못 등 큰 호수들이 도시 전체에 골고루 분포하고 있었다.

공룡들은 대구경북의 호숫가를 거닐며 풀을 뜯고 물을 마셨다. 즉 공룡발자국 화석이 경북에 가장 많은 것은 당연한 일이다. 전국 100여 곳의 반 이상인 50여 곳이 경북에 있다. 대구는 공룡의 수도라고 할 만큼 전 세계에서 유일하게 도심 한가운데 화석지가 분포한다.

“1994년 10월 신천 하상(수성교와 동신교 사이)에서 공룡발자국화석이 처음 발견된 이후 와룡산 자락(현 성서 아파트 단지), 노곡교 건너 고속도로변, 동구 지묘동, 남구 봉덕동 고산골, 대구지방경찰청 뒤 무학산 등산로, 시지 매호천 고산성당 앞 하상, 욱수천 태왕하이츠 아파트 앞 하상, 최근에는 혁신도시에서도 공룡발자국화석이 발견됐다.” (영남일보 2017.11.17.)

대구가 호수를 없앤 것은 겨우 40년 전이다. 호수만 그냥 두었더라면 대구는 지금 세계 최고의 호반 도시로 각광받고 있을 것이다. 지구촌 대도시 중 공룡발자국화석을 가진 곳은 대구뿐이다. 앞산 고산골은 그 중심이다. 세계에 자랑할 자연유산으로 키워야 한다.

공룡공원 안으로 들어가 각각의 공룡을 살펴본다. 공룡발자국과 연흔을 본 뒤 공원에 들어섰을 때 가장 먼저 만나는 공룡은 브라키오사우루스(Brachiosaurus)이다.

브라키오사우루스

- 학명 : “팔 도마뱀”(Brachio= 팔, saurus= 도마뱀)
- 살던 시기 : 쥐라기 후기(약 1억 5천만 년 전)
- 발견 지역 : 북아메리카, 아프리카(탄자니아 등)
- 특징 ① 크기 : 길이 약 25m, 키 약 12~13m, 무게 30~50톤. 가장 거대하고 키가 큰 공룡 중 하나!

② 긴 목 : 목이 무척 길고 위를 향해 자람. 높은 나

무의 잎을 따먹음. 다른 공룡과 달리 목이 수직으로 가까운 각도로 서 있었다.

③ 앞다리 > 뒷다리 : 브라키오사우루스는 앞다리가 뒷다리보다 더 길었다. 그래서 등 전체가 비탈진 형태였고, 이것이 '팔 도마뱀'이란 이름의 유래이다.

④ 두개골 : 콧구멍이 머리꼭대기 부근에 있어 옛날에는 물속에 살았다고 오해되기도 했다. 하지만 지금은 육상 공룡으로 보는 것이 정설이다.

⑤ 먹이 : 완전한 초식 공룡이다. 나무 꼭대기나 높은 위치의 식물(소철류, 침엽수 등)을 먹음. 수천 개의 이빨로 식물을 쉽게 잘게 부수고 삼킴.

⑥ 보존 상태 : 침식과 풍화로 일부 훼손되었지만, 명확한 발가락 자국과 보행 방향을 확인할 수 있음.

스테고사우루스

- 학명 : "지붕 도마뱀"(Stegosaurus : Stegos= 지붕, saurus= 도마뱀)
- 살던 시기 : 쥐라기 후기(약 1억 5천만 년 전)

▪발견 지역 : 북아메리카(미국 콜로라도, 와이오밍 등)

▪특징 ① 크기 : 몸길이 약 9m, 키 약 4m, 무게 약 2~4톤(대형 초식 공룡 중 하나)

② 등판 : 가장 눈에 띄는 특징은 등에 나 있는 큰 뼈판(plates)이 2줄로 배열되어 있고, 그것이 최대 60cm 이상 높이로 자란다는 점이다. 체온 조절, 상대 위협, 짝 유인 등에 쓰였을 것으로 추정된다.

③ 꼬리 : 끝에 4개의 뾰족한 꼬리 가시는 포식자를 방어하는 무기 역할을 했을 것으로 여겨진다.

④ 작은 머리 : 몸집에 비해 머리가 굉장히 작다. 뇌 용량도 작았지만 단순 행동에 적합했을 것이다.

⑤ 먹이 : 완전한 초식 공룡이다. 낮은 자세로 땅 가까이에 있는 양치식물, 소철류 등을 먹었다. 부리 같은 입 구조와 뭉툭한 이빨로 식물을 잘게 잘라 먹었다.

스피노사우루스

- 학명 : “가시 도마뱀”(Spinosaurus)
- 살던 시기 : 백악기 후기(1억1천만 ~ 9,300만 년 전)
- 발견 지역 : 북아프리카(이집트, 모로코 등)
- 특징 ① 크기 : 길이 약 15~18m, 무게 약 6~10톤으로, 현존 육식 공룡 중 가장 길었다, 티라노사우루스보다 더 길다는 의견도 있다.

② 등지느러미(돛) : 등뼈(척추)가 길게 뻗어 돛 모양의 구조를 형성하는데, 이는 체온 조절, 과시 행동, 수중에서 방향 조절 등에 쓰였을 것으로 추정된다.

③ 먹이 : 주로 물고기나 수생 파충류를 먹었다. 턱과

이빨 구조가 물고기를 잡기에 적합하다. 니제르강 같은 강이나 습지에서 살았던 것으로 추정된다.

④ 턱과 이빨 : 길고 좁은 악어처럼 생긴 턱, 원뿔형 이빨은 물고기 등 수생 생물을 주로 먹었다는 증거.

⑤ 수영 가능성 : 꼬리와 발 구조, 뼈의 밀도 등을 보면 스피노사우루스는 수영을 할 수 있는 최초의 공룡으로 평가받기도 한다.

티라노사우루스

▪학명 : Tyrannosaurus rex

▪뜻 : "폭군 도마뱀 왕"(Tyranno= 폭군, saurus= 도마뱀, rex= 왕)

▪살던 시기 : 백악기 후기(약 6,800만~6,600만 년 전)

▪서식지 : 오늘날 북아메리카 지역(특히 미국 몬태나, 사우스다코타 등)

▪특징 ① 크기 : 몸길이 약 12~15m, 키 약 4m, 무

게는 6~9톤 정도로 추정.

② 머리와 이빨 : 두개골은 약 1.5m나 되었고, 날카롭고 큰 이빨은 최대 30cm까지 자라며, 뼈까지 부술 수 있었다. 엄청난 턱 힘으로 먹잇감을 한입에 제압했다.

③ 팔 : 굉장히 작고 두 개의 발가락만 있었지만, 근육질로 매우 강했을 것으로 본다. 하지만 몸에 비해 워낙 작아 용도에 대해 많은 논쟁이 있다.

④ 걷는 법 : 두 다리로 걷는 이족보행 공룡. 빠르게 달릴 수 있었는지는 논쟁 중이지만, 시속 30km 정도는 가능했을 것으로 추정

⑤ 먹이 : 대표적인 육식 공룡으로, 다른 공룡들을 사냥하거나 죽은 동물의 사체도 먹었다. 트리케라톱스, 에드몬토사우루스 등 당시 대형 초식 공룡들을 먹이로 삼았다는 화석 증거도 발견

파키케팔로사우루스

그리스어로 "두꺼운 머리를 가진 도마뱀"이라는 뜻이다. (Pachycephalosaurus : pachy= 두꺼운, cephalo= 머리, saurus= 도마뱀)

- 살던 시기 : 중생대 백악기 후기(약 7천만~6천6백만 년 전) 공룡 멸종 직전 시기와 겹친다.
- 서식지 : 북아메리카 대륙(현재의 미국 서부, 캐나다 등), 화석은 주로 몬태나와 와이오밍 등지에서 발견됨.
- 특징 ① 머리뼈 : 두개골 윗부분이 최대 25cm 두께로 매우 단단함. 용도는 머리를 박치기처럼 부딪쳐 싸움 또는 의사소통 수단으로 사용했을 가능성이 있음(그러나 학설은 다양).

② 몸길이, 무게 : 약 4~5m, 400~500kg, 보행은 두 발 보행, 빠르고 민첩하게 움직였다고 추정된다.

③ 식성 : 초식성, 낮은 키의 식물, 과일, 씨앗 등을 먹었을 것으로 보임.

안킬로사우루스

"굳은 도마뱀(강한/융합된 도마뱀)"이라는 의미의 그리

스어에서 유래하였다

- 학명 : Ankylosaurus magniventris
- 분류 : 초식성, 조반목, 곡룡류裝甲恐龍
- 살던 시대 : 중생대 백악기 후기(약 6,800만 년~6,600만 년 전)
- 서식지 : 북아메리카(미국 몬태나, 캐나다 앨버타 등)
- 특징 ① 등껍질 : 등 전체를 뒤덮은 두꺼운 골판(뼈판), 말 그대로 '살아 있는 전차' 같았음.

② 꼬리 : 큰 곤봉 모양의 꼬리로 포식자를 공격하거나 방어하였다.

③ 크기 : 몸길이 약 6-8m, 무게는 6톤 정도이며 다리는 짧고 튼튼한 다리, 낮게 웅크리고 걷는 형태이다.

④ 이빨 : 작고 잎사귀 같은 이빨, 주로 낮은 풀이나 식물을 섭취하였다

큰골

앞산 큰골은 대구광역시 남구에 위치한 앞산 여러 골짜기 중 하나로, 자연과 역사, 휴식이 어우러진 걷기 좋은 계곡형 숲길이다. 큰골'은 말 그대로 앞산에서 가장 크고 깊은 골짜기라는 뜻이다.

앞산공원 입구에 있는 '큰골' 스토리텔링 안내판은 큰골이 '가는 골'에 대응되는 이름으로, 큰골 또는 '큰 골짜기'라는 뜻이며, 충혼탑 옆에 있다고 소개한다.

큰골에는 낙동강 승전 기념관, 전통사찰 은적사, 대구 전경을 감상할 수 있는 케이블카, 이호우 시비, 이윤수 시비, 임용상 의사상, 송두환 의사상, 이시영 선생 순국 기념탑 등이 있다.

'큰골' 답사 순서

앞산 큰골에 들어서면 6·25전쟁과 관련된 '낙동관 승전 기념관'이 가장 먼저 나타나지만 답사를 할 때는 가장 먼 곳부터 가야 한다. 가까운 곳부터 가서 시간과 체력을 소모하면 그 다음 과정이 힘들어지기 때문이다. 가장 먼 곳을 먼저 갔다가 차례로 내려오면서 답사를 하는 것이 좋다.

그런데 큰골은 입구부터 케이블카 승강장까지가 시멘트로 포장이 되어 있다. 걷기에 매우 좋지 못한 길이라는 말이다. 특히 내려올 때 걸으면 체중이 무릎에 실리기 때문에 건강에 아주 해롭다. (12쪽 지도 참조) 그래도 어쩔 수가 없다면 올라갈 때 시멘트길을 걷는 수밖에 없다. 즉 이시영 선생 순국 기념탑, 임용상 지사상, 송두환 지사상이 케이블카 승강장 가는 도중에 있으니 올라가면서 참배를 하는 도리뿐이다. 그렇게 코스를 잡으면 아래와 같다.

- 1. 이시영 선생 순국 기념탑
- 2. 임용상 지사상
- 3. 송두환 지사상
- 4. 큰골 성혈바위
- 5. 케이블카 (큰골 입구에서 이곳까지 줄곧 시멘트길을 걸어 올라왔다. 여기서 은적사로 가는 길도 역시 시멘트 포장도로이다. 적어도 내려갈 때에는 이 길을 걷지 않아야 한다. 만수정 옆 삼거리에서 은적사로 바로 가는 오솔길이 있다. 그 길을 걸어야 한다. 은적사에서도 케이블카 승강장으로 오면 안 되고 곧장 오른쪽 오솔길로 이호우 시비까지 내려가야 한다. 12쪽 지도 참조)

▪6. 대덕사 왼쪽으로 올라 만수정 인근 삼거리 >
직진해서 청수장 약수터로 올라 >
주능선 당도 >
오른쪽으로 제1봉 앞산까지 갔다가 >
되돌아서 청수장 약수터 >
만수정 인근 삼거리 >
직진해 대덕사 쪽으로 하산하지 말고 오른쪽 은적사로 이어지는 오솔길 1.2km를 걷는다.

▪7. 은적사(왕굴, 불상)에서 오른쪽 고산골 쪽으로

▪8. 이호우 시비

▪9. 이윤수 시비

▪10. 낙동강 승전 기념관

이시영 선생 순국 기념탑

대구 앞산공원 큰골 인근 낙동강승전기념관 가는 길목에 있다. 1972년에 세워진 붉은 벽돌 기념탑이다.

이시영 지사는 1882년 1월 10일 대구 봉산동에서 태어났다. 지사는 1915년 2월 28일 윤상태, 서상일, 홍주일 등과 함께 대구 앞산 안일사에서 시회詩會를 위장해 모임을 갖고 비밀결사 조선국권회복단朝鮮國權恢復團중앙총부를 조직했다.

조선국권회복단은 대구를 중심으로 경상도 지역의 중상층 이상 혁신革新 유림儒林들을 주로 참여시켰다. 이들은 곡물상의 상업 조직과 사립 교육기관을 활용하여 독립군을 지원하는 구국 경제활동 단체를 지향했다.

이시영은 만주와 노령露領 지역 독립운동가들과 연계투쟁하는 방안을 모색했다. 조선국권회복단은 그 해 8월 25일 달성達城(현 달성공원)에서 영주 광복단 등과 발전적으로 통합, 강력한 무장 투쟁 노선을 추구하는 광복회光復會를 출범시켰다.

1916년 9월 4일 광복회의 김진우, 김진만, 최병규, 서상준 등과 함께 대구의 자산가 서우순에게 군자금을 거두려다 일경에 체포되어 옥고를 치렀다. 이를 '대구권총 사건'이라 한다.

이시영 지사는 1919년 3·1독립운동 당시 서울의 만세 시위에 참여했다. 그 후 만주로 건너가 독립운동에 매진했지만 1919년 7월 9일 서른일곱 젊은 나이에 병사하고 말았다. 정부는 고인의 공훈을 기려 1999년 건국훈장 애족장을 추서했다.

임용상 지사상

대구 앞산공원 큰골 자락길에 세워진 이 흉상은 지역 독립운동 정신을 상징하는 역사문화유산이다. 임용상 지사는 1877년 경북 청송에서 출생하여 1954년에 별세하셨다.

1905년 을사늑약에 반대하며 의병을 일으킨 후에 산남의진에 참여, 청송·의성·영덕 지역에서 의병장으로 활약하셨다(133회 전투 참가). 마지막에는 체포되어 수년간 옥고를 겪었으며, 출옥 후에도 독립군 군자금 모금 등 활동을 하셨다. 1977년 건국훈장 독립장이 추서되셨다. 대구 신암선열공원에 묘소가 있다.

송두환 지사상

대구 앞산 큰골 탐방로 중간 지점에 세워져 있는 송두환 지사 흉상은 독립운동가를 기리기 위해 앞산 큰골에 조성된 상징물 중 하나이다. 1892년 경북 달성군 수성면(현 대구 동구 신암동)에서 출생, 1969년 작고하셨다.

1914년 비밀결사 새배달회 조직, 1920년 빈민회 구성 및 회장 활동, 대한민국임시정부 군자금 모금 요원 활동, 신간회 대구 지회 집행위원장 등 주요 역할 수행하셨으며 지역 출신 학생이자 민족운동가로서 대구 지역 독립운동의 정신을 상징한다.

송두환 지사상은 앞산 큰골 안에 세워져 있는 이호우 시비, 이윤수 시비, 임용상 지시상, 이시영 선생 순국 기념탑 등과 함께 역사와 자연이 어우러진 문화공간으로서의 의미를 가진다.

큰골 성혈바위

일반적으로 성혈은 풍수나 민간전승에서 성스러운 기운이 흐른다고 여겨지는 바위 속 구멍이나 틈을 의미한다. 앞산 큰골 지역은 암릉 구간과 험준한 바위 지형이 혼재되어 있어, 바위 틈새나 작은 동굴형태의 구조물들이 있다.

성혈은 선사시대부터 신앙·의례·풍요 기원이나 자연 숭배 등을 위한 다른 모습의 민간 신앙 형태이다. 케이블카 승강장 옆에 '큰골 성혈바위' 안내판이 있다.

"성혈性穴(홈구멍, Cup-Mark)은 인간이 바위 표면에 만든 구멍을 말한다. 큰골의 성혈바위는 규장암아래 주(둘레 650cm, 높이 250cm)으로, 윗면에는 20여 개의 성혈이 나타난다.

선사 및 농경사회에서 다산과 풍요를 기원하는 신앙적 의식에서 조성된 것으로 추정되나, 태양숭배, 난생설화, 별자리설 등으로도 해석된다. 성혈바위는 대체로 마을의 상징적인 곳에 위치하고 있어 성스러운 장소로 인식된다."

주 규장암珪長岩 : 중국어로 비세암霏細岩이라 하는데, 암석 표면이 마치 미세한 눈이 내린 모습을 가진 암석이라는 뜻이다. 즉 규장암은 주로 장석長石과 석영石英으로 이루어진 화성암으로서 밝은색의 가는 입자로 되어 있다. 풍화하여 고령토가 되기 쉬운 돌이다. 어원인 이탈리아어 Felsite도 '장석질 암석'을 의미한다.

케이블 카

대구 앞산에 위치한 앞산 케이블카는 앞산 정상 부근까지 운행되며, 대구 시내 및 주변 경관을 한눈에 내려다볼 수 있는 전망 명소이다. 케이블카 승강장 옆 '앞산 전망대'는 자연과 도시 풍경이 어우러진 명소로, 자연 속 이호우·이윤수 시비나 은적사 등 유적과 다시 연결되므로 '자연, 역사, 문학'이 만나는 장소라 할 만하다. 요금은 2025년 8월 기준 대인 왕복 14,000원, 편도 10,000원이다.

은적사

대구 남구 봉덕동 앞산순환로 574-120(앞산공원 안 큰골 근처)에 있다. 후삼국 시절 고려 태조 왕건이 피신한 이래 지어진 사찰이다.

927년 왕건은 견훤과 대회전을 치른다. 이 전쟁이 동화사 아래 동수대전이다. 이곳에서 신숭겸이 왕건을 대신하여 죽고, 왕건은 신천을 타고 이곳 앞산으로 들어와 은적사에 숨게 된다. 은적사의 이름은 왕건이 숨어 지낸 흔적이 있는 절이라는 뜻이다(숨을 은隱, 자취 적跡).

왕건은 뒷날 "왕굴"로 일컬어지는 자연굴에 숨었다. 은신과 구조의 상징으로 여겨지는 왕건굴(=은적굴)은 대웅전 옆에 위치하며, 소원성취 장소로도 유명하다.

맞배지붕
합천 소학당

우진각지붕
해인사 장경판전

팔작지붕
의령 곽재우 생가

대웅전

통일신라 이후 전통 건축 양식을 이어받았고, 절 중심 법당 역할을 한다. 정면 3칸, 측면 3칸 규모로, 다포식 팔작 기와지붕 구조(위 그림 중 맨 오른쪽)이다. 내부 마당을 정면으로 바라보는 전형적 사찰 본전의 배치를 이루고 있어 깔끔하고 온건한 비례감을 보여준다.

안에는 18c초 목조석가여래좌상이 봉안되어 있다. 완성도가 높아 대구시 유형문화유산으로 지정되었다. 불상은 오른손이 항마촉지인(악마를 눌렀다는 뜻의 수인)이고, 왼손이 미타인(미륵·아미타불을 상징하는 수인) 형태이다.

* 국가유산청 '대구광역시 유형문화유산 대구 은적사 목조석가여래좌상大邱隱跡寺木造釋迦如來坐像' 공식 설명

"은적사 대웅전에 봉안되어 있는 이 불상은 항마촉지인을 한 석가모니불로, 양식적으로 보아 조선후기 조각

승 하천의 작품으로 추정된다. 정확한 조각가와 제작시기를 알려줄 문자기록이 발견되지 않았지만, 작품의 완성도도 높으며, 18세기 초반 불상의 제작 방식의 일단을 드러내고 있는 중요한 불상이다."

은적사

왕건굴

대웅전 옆 작은 자연굴로, "왕건굴" 혹은 "은적굴"로 불린다. 이는 왕건(고려 태조)이 후백제를 피하여 동굴에 숨어 있었다는 전설에 기원한 이름이다.

927년 공산전투에서 패한 왕건이 이 앞산 골짜기로 피신했으며, 이 동굴에서 3일간 머물렀다는 전설이 있다. 그 사흘 동안 후백제군이 동굴 앞까지 왔지만 짙은 안개와 거미가 동굴 입구를 감싸주어 무사했다고 한다.

이호우 시비

시비에는 이호우의 대표시 '개화'와 시인의 약력이 새겨져 있다.

꽃이 피네 한 잎 한 잎
한 하늘이 열리고 있네

마침내 남은 한 잎이
마지막 떨고 있는 고비

바람도 햇볕도 숨을 죽이네
나도 아려 눈을 감네

이윤수 시비

시비는 단순한 문학 기념물 이상의 의미를 가진다. 지역 문학인으로서 이윤수가 대구 지역 문학 발전에 남긴 발자취를 기리며, 그의 대표시 '파도'를 통해 인간 삶의 사랑·슬픔·고뇌라는 보편적 감정을 바다 파도에 비유해 표현하고 있다.

해풍海風이 앗아가는 봄을 어루만지며
외로이 모래밭에 엎드려
모래알을 헤인다
억겁일월
밀려갔다 밀려오는 파도처럼
아아!
헤아려도 헤아려도 헤아릴 수 없는
인간 삶의
사랑과 슬픔과 고뇌의 씨앗들
파도 되어 밀려 온다

낙동강 승전 기념관

대구 남구 앞산순환로 574-110 (앞산공원 안)

▪개관일 : 1979년 6월 25일, 한국전쟁 중 낙동강 방어선의 승전을 기념하기 위해 설립되었다.

▪운영 시간 : 오전 10시~오후 5시까지 연중 무휴 운영되며, 입장 무료이다.

▪전시 구성 및 내용

실내 전시 1층 : 6·25 전쟁 전반과 낙동강 전투를 다루는 '6·25 전쟁관'으로, TV 및 패널을 통해 전쟁의 배경과 과정을 소개하고 있다

2층 : '유물 전시관', '추모의 전당', '통일관' 등으로 구성되며, 각종 무기·유품과 함께 전사자 추모 공간이 마련되어 있다.

3층 : VR 체험관이 있어 전쟁 관련 영상과 전투 체험, 인터랙티브 게임 등을 통해 직접 역사를 체득할 수 있다.

야외 전시 전쟁 당시 사용된 전차, 비행기, 장갑차, 포탄 등 다양한 무기 및 군사 장비가 전시되어 있다.

안지랑골

안자랑골은 '앞산 전망대', '앞산 정상', '안일사'가 있어 언제나 시민들의 발길이 많은 골짜기이다. 그런 만큼 오르내리는 등산로 선택에 신중해야 한다. 왜냐하면 일반적으로 이용하는 주차장~앞산전망대 길이 시멘트 포장도로, 돌계단, 가파른 나무계단이기 때문이다. (16쪽 지도와 12~20쪽 등산로 해설 참조)

안지랑골 관리사무소 앞에 '⇦ 숲길'로 가라는 이정표가 있다. 사람들이 흔히 걸어 올라가는 포장도로와는 다른 길을 안내하고 있는 것이나. 그런데 이 화살표 이정표가 눈에 잘 띄지 않는다. 그 점이 문제이다.

안일사를 가든, '앞산 전망대'를 가든, 왕굴을 가든, 앞산 정상을 가든, 화살표가 안내하는 숲길을 걸어야 마땅하다. 관리사무소 앞에서 '앞산 전망대'까지 이어지는 시멘트 포장길, 돌계단길, 가파른 나무계단길을 오르내리면 건강에 해롭다. 기껏 산에 와서 몸을 상하게 한다면 그야말로 어불성설이다.

화살표를 따라 들어가면 바로 ‘안지랑골 스토리텔링’ 안내판이 있다. 안내판이 시멘트 포장길이 아니라 이곳에 있는 것만 보아도 안자랑골 답사자는 이 숲길을 걸어야 한다는 사실을 알 수 있다.

안내판에 따르면 안지랑골, 안지랑이 또는 안지랭이라 부르는 이곳은 한때 수많은 피서객들의 사랑을 받던 곳으로 그 유래가 다양하다, 고려 태조 왕건이 견훤에게 패한 후 이곳에 숨어 지내다 갔다는 데서 유래되었다는 설부터,

본래 ‘안좌령安坐嶺’으로 양녕대군이 피난와서 머무르던 곳이었는데, 살펴보니 대구가 살기 좋은 곳이고, 자신이 편히 있었다고 해서 이런 이름이 붙여졌다는 설까지 다양하다. 그러던 것이 오랜 세월이 흐르면서 말이 변해 지금의 안지랑이가 되었다는 이야기이다.

또 다른 유래로는 이 계곡의 물이 특별하여 피부병이 있는 사람이 이 물에 씻으면 고름이 톡톡 터지고 가려움증이 가신다고 하여 백리 밖에서도 가마를 타고 와

씻고 가기도 하였고, 앉은뱅이도 일어섰다고 하여 안지랑이라 불렀다는 설,

또 대구 중심가에서 안지랑이 계곡을 보면 물안개가 핀 모습이 아지랑이가 가득 피어난 것처럼 보인다 하여 안지랑이라는 명칭이 생긴 것이라는 추측도 있다.

안지랑골 답사 때는 올라갈 때 안일사를 그냥 지나친 다음, 삼거리에서 직진해 왕굴부터 보고 정상에 들렀다가 앞산전망대를 거쳐 내려와 답사하는 것이 바람직하다. 역사여행은 가장 고지대부터 올라가 내려오면서 답사하면 여유가 있어서 좋다. 안일사는 그냥 두고 정상으로 향하자는 말이다. 왕굴 쪽으로 오르는 것이 좋다. 정상에 올랐다가 내려오며 대덕산성을 감상하고, 휴게소와 전망대를 본 후 안일사를 답사하는 코스이다.

안지랑골 답사 코스를 정리하면

▪ 주차장 >

▪ 관리소 앞 화살표 이정표 > 왼쪽 오솔길로 가야 한다. 오른쪽의 시멘트 포장도로를 가면 안 된다.

▪ 안일사 위 300m지점 삼거리 > 왼쪽으로 전망대에 오르지 말고 오른쪽으로 직진해서 올라가

▪ 통일기원돌탑 >

▪ 왕굴 >

▪ 왕굴 전망대 > 전망대 뒤로 나가서 출입금지 밧줄 오른쪽으로 내려간다. 400m쯤 가면 주능선에 닿는다. 이곳에서 왼쪽으로 400m쯤 가면 정상에 닿는다.

▪ 정상 > '앞산 전망대' 쪽으로 하산하여 전망대에 들렀다가 다시 대덕산성 안내판으로 올라와

▪대덕산성 안내판 > 오른쪽으로 통일기원돌탑을 향해 하산, 통일기원돌탑을 왼쪽에 두고 삼거리로 하산

▪안일사 > 안일사 앞 화장실 오른쪽 옆으로 들어가 숲길 이용

▪안지랑골 관리사무소

통일기원돌탑은 우리나라에서 가장 큰 돌탑으로 추정된다. 대구 남구 주민 김종환(1935년생)씨가 (1970~2003년) 33년에 걸쳐 쌓았다는 안내판이 돌탑 앞에 세워져 있다. 높이 23m, 둘레 75m, 15톤 트럭 528대분의 돌이 사용되었다고 한다. 왕건이 우리 민족을 사실상 처음으로 통일한 인물이고, 왕굴 아래에 이 거대 통일기원돌탑도 있으니 이곳을 '통일 답사지'로 널리 알리면 좋을 듯하다.

왕굴 앞에 '안내판'이 있다. "이곳은 안일사에서 약 500m 남쪽에 위치하고 있으며 태조 왕건이 후백제 견

훤을 막으러 갔다가 팔공산 전투에서 대패하여 혼자서 비슬산(=앞산)으로 피난을 왔다고 한다.

은적사에서 3일 동안 피신해 있다가 왕굴에서 피신하고 쉬어 갔다고 한다. 피신 중 견훤의 부대가 근처에까지 와서 왕건을 찾으려고 하자 갑자기 운해雲海가 가득하고 왕거미 줄이 쳐져서 크지 않은 동굴인데도 사람이 피신했는지 안 했는지 흔적조차 알 수 없었다고 한다. 그래서 (중략) 왕굴이라는 명칭이 생겼다고 한다."

안내판의 전투를 '동수 대전'이라 한다. 927년 견훤이 신라의 수도 경주를 기습했다. 신라 경순왕이 왕건에게 도움을 요청했고, 왕건은 군사를 이끌고 급히 남하했지만 이미 견훤이 신라 궁궐을 함락시킨 뒤였다.

왕건의 군대는 경주로 가던 도중 대구 근처, 즉 팔공산 서쪽의 동수(=동화사) 아래에서 견훤의 군대와 맞닥뜨렸다. 견훤은 지형을 이용해 매복하고 있다가 왕건의

군대를 급습했고, 왕건은 큰 패배를 당했다. 왕건은 부하들의 희생 덕분에 겨우 목숨을 구하고, 앞산 자락의 안일사安逸寺 근처로 도망쳐 몸을 숨겼다고 전해진다.

일국의 왕이 숨어 지냈던 곳이 바로 이 왕굴이다. 사람은 누구나 어려운 시기를 참고 버틸 줄도 알아야 한다. 이곳 왕굴은 그런 교훈을 얻을 수 있는 교육공간이라 할 만하다.

왕굴 바로 옆 '왕굴 전망대'에 올라 대구 시가지와 달서구 쪽 풍경을 감상한 다음, 전망대 뒤쪽으로 나가서 출입금지 밧줄이 쳐져 있는 곳까지 간다. 밧줄 오른쪽으로 내려가는 오솔길이 있다. 그 길로 가면 약 400m쯤 가서 주능선에 닿는다. 오른쪽으로 가면 제3봉 대덕산, 왼쪽으로 가면 제1봉 앞산 정상에 오른다.

정상에서 '앞산 전망대' 쪽으로 하산한다. 1km쯤 거리인데, 그 중간쯤에 대덕산성 안내판이 있다. 안내판에 따르면, "대덕산성은 대구광역시 남구 대명동에 있는 대덕산 정상에서 북쪽의 안지랭이 계곡을 감싸며 쌓은 포곡식 산성으로 '앞산산성'이라고도 부른다.

포곡식 산성은 성곽이 하나 또는 여러 개의 계곡을

감싸고 축성된 것으로, 장기간 전투에 사용하기 위해 쌓은 성을 말한다. 옛 기록에 의하면 성불산(= 앞산)의 옛성이 수성현(= 수성구)에 있었으나, 지금은 산의 능선과 비탈 부근에 깬 돌로 성을 쌓은 흔적만이 남아 있다.

성의 둘레는 3,051척으로 기록되어 있는데, 그 범위는 약 3㎞에 달한다, 자연 암벽을 최대한 이용한 산성으로 성 안에서 발견된 옛 그릇조각과 기와조각으로 보아 통일신라에서 고려시대까지 사용된 것으로 보인다."

대덕산성 안내판(앞산 전망대 위쪽)

포곡식 산성과 테뫼식 산성에 대하여 알아본다.

▪포곡식 산성 : 포곡包谷은 '골짜기를 감싸 안았다'는 뜻이다. 즉 포곡식 산성은 산의 골짜기谷를 포함하여 둘레를 성벽으로 감싼 형태의 산성을 의미한다.

1. 정의 : 산의 능선을 따라 둘러싼 대규모 산성으로, 내부에 물과 주거가 가능하므로 장기전으로 갈 때

필요한 산성이다

2. 구조적 특징 : 입지는 산의 정상부보다는 골짜기를 포함한 중턱 이하에 위치하며, 형태는 계곡과 능선을 따라 불규칙한 타원형 또는 마름모 형태로, 대부분 석축(돌)으로 쌓은 성벽이다. 그리고 규모는 내부 면적이 넓어 군사 주둔·민간 피난용으로 적합하다. 내부에 우물, 저수지, 창고, 대형 건물터 등 존재한다.

3. 의의 : 포곡산성은 산의 계곡과 능선을 함께 감싸 만든 넓은 형태의 산성으로, 장기 주둔과 방어에 적합한 구조이다. 또한 단순한 군사 요새가 아니라 행정·군사 복합기능의 거점이었다.

▪ 테뫼식 산성 : 앞산에서는 용두토성이 그 사례이다. '테[臺]'는 대지를, '뫼'는 산을 뜻하는데, 산성의 축조 방식을 설명하는 용어이다.

1. 정의 : 산의 정상부를 따라 평평하게 깎거나 성벽을 두른 형식의 산성이다. 산 전체의 둘레를 따라 성벽을 두르는 것이 아니라, 정상부를 성곽으로 감싸서 평지화 뒤 방어 공간을 확보한다. 즉 '정상부 봉우리 위에 성을 올려 만든 것'이라 할 수 있다.

2. 구조적 특징 : 입지는 능선 전체를 감싸지 않고 정상부만 방어 공간으로 사용하며, 산꼭대기에서 사방을 조망할 수 있어 감시와 군사적 거점으로 유리하다. 성벽 형태로는 대체로 원형이나 타원형, 혹은 부정형, 돌(석축)이나 흙(토축)으로 쌓았다. 내부 공간은 면적이 좁아 장기간 주둔은 어려워서 임시 주둔이나 전시 거점, 봉수

대 기능 등을 담당했다.

3. 의의 : 삼국 초기의 방어 거점으로서 가장 원시적이면서도 효율적인 성곽 형식이고, 면적은 좁지만 전망·감시·신호 기능이 탁월해 전략적 거점으로 활용되었으며, 이후 더 큰 규모의 포곡식 산성으로 발전하는 과도기적 성곽 형태라 할 수 있다.

앞서 '왕굴 전망대'에서 시내 전경을 감상했지만, 그렇다고 해서 '앞산 전망대'를 아니 가볼 수는 없다. 대덕산성 안내판에서 조금 내려오면 있는 '대구 앞산 전망대(Apsan Observatory)'의 건축 디자인은 '빨래 짜는 모습'을 형상화했는데, 앞산빨래터공원의 역사와 상징이 담겨져 있다.

중언부언하지만, 앞산전망대에서 나무계단, 돌계단을 따라 안일사 방향으로 하산하면 안 된다. 흙길이 아닌

내리막길을 걸으면 몸에 크게 해롭다.

앞산전망대에서 다시 대덕산성 안내판과 능운정으로 올라오면 오른쪽으로 내려가는 흙길이 있다. 중간에 너덜경을 구경할 수 있는 그 길로 500m쯤 하산하면 통일기원돌탑 바로 오른쪽을 거쳐 안일사로 가게 된다.

안일사는 대구 앞산 자락에 있는 오래된 사찰로, 앞산을 오르는 길목에서 만날 수 있는 대표 사찰 가운데 하나이다. 안일사라는 이름의 의미는 이름 그대로 '편안하고 한가로운 절'이라는 뜻이다. 왕건이 전투 중 위기를 모면하고 피신한 곳으로 전해지는, '편안하고 한가롭다'는 뜻을 품은 안일사는 위기에서 벗어나 마음이 평안해진 왕건의 상황을 상징적으로 나타낸다. 안일사는 대한불교조계종 제9교구 본사인 동화사의 말사이다. 안내판을 읽어본다.

"안일사는 경순왕 1년(927) 영조가 창건하였으며, 고려 태조 왕건이 후백제 견훤에게 패하여 이곳에 숨은 적이 있으며, 절 위 500m 지점에는 왕건이 머물렀던 왕굴이 있다.

1915년 음력 1월(필자 주: 양력 2월 28일) 윤상태, 서상일, 이시영 등 13명이 이곳에서 목숨을 바쳐 국권회복운동을 할 것을 서약하고, 비밀결사인 조선국권회복단 중앙총부를 결성하였으며,

1919년 3·1독립운동 뒤에는 상해임시정부를 돕기 위하여 군자금 조달운동이 벌어졌으며, 3.1독립운동 때 3.1 독립선언서를 기초한 민족대표 33인 중 한 명인 용성스님이 사찰을 중창하고 민족정신을 고양하는 등 일제강점기 하에 항일운동의 중심이 된 유서 깊은 사찰로 오늘에 이르고 있다."

안일사 앞에 두 개의 안내판이 있다. 둘의 핵심은

'왕건이 927년에 안전하게 머물렀던安逸 사찰, 조선국권회복단이 1915년 2월 28일 창립된 곳'이라는 것이다.

조선국권회복단

1915년 2월 28일 결성되었다. 비밀결사·항일독립운동 단체로, 국권을 회복하고 조선을 독립시키는 데 목표를 두었다.

전국 각지에 지부를 설치했고, 군자금을 모집해 무장 독립운동을 지원했다. 이름에서 드러나듯이 "나라의 권리를 되찾는다國權恢復"라는 목표를 분명히 했다.

주요 활동은 독립운동 자금 모집, 군사 행동 준비 및 독립군 지원, 항일의식 고취와 민중 계몽 활동이었고, 대표적 투쟁은 1910년대 후반 광복회와 연결되어 활동한 점이었다. 일제의 고위 관리나 밀정들을 처단하는 의열 투쟁을 전개하기도 했다.

조선국권회복단이 갖는 의미는 일제 강점 초기에, 무장투쟁의 기반을 다진 단체 중 하나라는 점이다. 특히 '국권 회복'이라는 이름 자체가 당시 민중에게 큰 자극과 희망을 주었고, 이후 광복회 같은 대규모 항일단체로 발전하는 데 중요한 연결고리가 되었다. 한국 독립운동사에서 의열단 전통과 광복군 운동의 초석이 되었다는 평가를 받고 있다. 시기순으로 요약하면 아래와 같다.

1915년 2월 28일 조선국권회복단창립(안일사) >

1915년 8월 25일 영주 풍기 광복단 등과 통합해 광복회 창립(달성토성) >

1919년 11월 10일 의열단 창립(만주 길림)

광복회

1910년대 항일 결사 중에서 가장 활발한 활동을 전개한 단체는 광복회였다. 이는 '제5차 교육과정 고등학교 국정 국가 교과서'에 나오는 표현이다.

광복회는 1910년대 국내 독립운동의 공백을 메우고 민족 역량이 3.1운동으로 계승될 수 있는 기반을 제공했다. 광복회가 전개한 의협 투쟁은 1920년대 의열 투쟁의 선구적 역할을 담당하기도 했다. 이는 한국학중앙연구원 '한국민족문화대백과'에 나오는 표현이다.

의열단

1920년대는 (한 해에 평균 3-4건이나 되는 의거가 일어났으니) 실로 의열 투쟁의 시기였다고 할 것이다. 1920년대 의열 투쟁에서 가장 괄목할 만한 업적을 낸 단체는 의열단이었다. 이는 국가보훈처 '알기 쉬운 독립운동사'에 나오는 표현이다.

안일사 목조 석가여래 좌상

국가유산청 공식 설명에 따르면, 안일사 대웅전에 봉안되어 있는 이 불상은 목조석가여래좌상으로 "보존상태가 양호하고, 상호나 착의법 등에서 17세기 후반 목조불상의 특징을 잘 보여준다. 복장유물 중 석가모니불조성기造成記에 의하면 조각승 탁밀, 보웅 등에 의하여 강희

33년(1694)에 조성되었음을 알 수 있다. 이 불상은 조각승, 제작 연대를 알 수 있어 조선시대 불상 조성의 흐름과 불상 연구에 중요한 자료적 가치가 있다."

왜 '강희 33년'이라는 칭원법을 썼는지 이해하기 어렵다. 강희 33년은 중국 황제를 기준으로 우리나라 연도를 나타낸 것이다. 조선시대에 집필한 글도 아닌 지금의 국가 설명인데 이상해도 정말 이상하다. 칭원법에 대해 알아본다.

칭원법稱元法은 '왕의 즉위와 연호의 시작을 계산하는 법'이다. 두 가지 방식이 있는데, 새로운 임금이 왕위에 오른 해를 즉위년卽位年으로 볼 것인지, 아니면 다음 해를 원년元年(첫해)으로 볼 것인지에 따라 나뉜다.

■ 홍년칭원법薨年稱元法

왕이 홍서薨逝한(죽은) 해를 새 왕의 원년으로 삼는 방법이다. 삼국사기에 이 방식을 사용되었다. 예를 들어,

661년 6월 아버지 무열왕이 죽고 왕위를 계승한 아들 김법민이 그해를 문무왕 원년으로 삼았다.

681년 7월 아버지 문무왕이 죽고 왕위를 계승한 아들 김정명이 그해를 신문왕 원년으로 삼았다.

■ 유년칭원법踰年稱元法

즉위한 다음踰해年를 원년으로 삼는 방법이며 『고려사』에 나온다. 예를 들어,

1776년(영조 52) 4월 22일에 즉위한 정조의 경우, 즉위한 해인 1776년은 정조 즉위년이라 하고, 그 다음 해인 1777년을 정조 원년으로 삼았다.

■ 예외 사례

선왕이 살아서 왕위를 1월 1일 물려주면 그해를 다음 왕의 원년으로 삼았다. 1399년 정종, 1401년 태종. 선왕이 1월 1일 죽은 때에도 그랬다. 1544년 인종.

1506년(연산군 12) 9월 28일 연산군이 폐위되고 중종이 즉위하여, 즉위한 그 해를 중종 원년으로 삼았다.

1455년(단종 3) 8월 3일 세조가 단종을 폐위하고 즉위하였다. 즉위한 그 해를 세조 원년으로 삼았다.

1623년(광해군 15) 4월 13일 인조반정으로 인조가 즉위하여 즉위한 그 해를 인조 원년으로 삼았다.

이러한 경우들은 대부분 반정政變이나 폐위 후 즉위

처럼, 정통 계승이 아니라 정치적 변동에 따른 즉위한 것이다.

정리하면, 옛 왕조에서는 새 임금이 즉위했을 때 그 해를 원년으로 할지, 다음 해를 원년으로 할지 두 가지 제도가 있었다. 『삼국사기』에서는 즉위한 해를 원년으로 삼았고(홍년칭원법), 『고려사』에서는 그 다음 해를 원년으로 삼았다(유년칭원법). 그러나 정치적 변동이 큰 경우(중종·세조·인조 등)에는 (선왕을 임금으로 인정하지 않았으므로) 즉위한 해를 곧바로 원년으로 선포했다.

▪ 대구 앞산 안지랑골 안일사는 1915년 2월 28일 조선국권회복단이 창립된 곳입니다. 조선국권회복단은 1910년대를 대표하는 독립운동단체 광복회로 발전했고(달성토성에서 창립), 광복회는 3·1운동과 의열단의 주석이 되었습니다. 1942~3년에는 대구상업학교 태극단 학생들이 군사훈련을 하면서 결성식을 준비했던 곳입니다. 통일신라 말기 대덕산성의 주요 건물터이기도 했고, 민족통일의 시조 왕건이 견훤 군대의 수색을 피해 절 뒤쪽 왕굴에 몸을 숨기기도 했습니다. '독립운동의 성지' 안일사를 재조명하는 뜻에서 조선국권회복단 창립 그 날의 모습을 소설 형식으로 소개해 드립니다.

선비 한 사람이 천천히 대구 앞산 안지랑골 개울을 건너고 있다. 여름철이면 앞산산성山城(일명 대덕산성) 방향에서 쏟아져 내린 도랑물 탓에 쉽사리 건널 수 있는 계곡이 아니지만, 한겨울이라 천지가 꽁꽁 얼어붙은 덕분에 아무렇게나 발을 내디뎌도 낭패 볼 일은 없다. 미끄러지지만 않으면 30분쯤 후 안일암에 당도하게 될 터이다.

"하늘이 아주 쾌청하여 시 읊기에는 정말 제격인 날씨외다. 오늘(1915년 2월 28일)은 시회詩會를 산중山中에서 열게 되었으니, 아호에 뫼 산山이 들어있는 향산香山께서 가장 수작을 창작해야 마땅하겠습니다."

은적사 방향에서 올라오던 양복 차림 신사가 선비에게 말을 건넨다. 향산 윤상태가 웃으면서 대답한다.

"허허, 두보가 국파산하재國破山河在라 했으니 푸른 산과 울울한 나무를 바라보며 훌륭한 시들을 한번 지어 보십시다. 그건 그렇고, 글솜씨라면 동암東菴이 나보다는 훨씬 윗길이지요."

동암 서상일이 문득 음성을 낮춰서 말한다.

"낮말은 새가 듣고 밤말은 쥐가 듣는 법이라, 이 깊은 산중에서도 우리들이 시 지으러 안일암에 간다 식으로 대화를 나누어야 하는군요. 하루라도 빨리 국권을 회복하여 마음놓고 흉중에 있는 말을 토로할 수 있어야 할 텐데…."

"그렇고말고요. 경술국치(1910년 8월 29일) 이래 어언 다섯 해째라, 동암도 어느새가 서른이 되었구려."

문득 쓸쓸한 감정에 사로잡혀 윤상태, 서상일 두 사람의 낯빛에 산그림자가 가득 내려앉으려는 찰나, 뒤에서 반가운 목소리가 들려온다.

"두 분께서는 어째 이리 일찍들 오셨는지요?"

돌아보지 않아도 우재又齋 이시영이다. 그래도 윤상

태가 몸을 뒤로 돌려서 반갑게 인사를 한다.

"셋이서 함께 가는 중인데 별말씀을 다 하시오. 누가 들으면 사돈 남 말 한다 하겠소."

그러자 서상일과 이시영이 폭소를 터뜨린다. 실제로 두 사람은 뒷날 사돈지간이 된다. 재미난 말을 했던 윤상태도 뒤따라 얼굴 가득 웃음을 머금는다. 안일암 올라가는 가파른 고갯길이 그렇게 흥겨워지자 기분으로는 어쩐지 오르막이 낮고 평탄하게 느껴진다.

세 사람이 나란히 법당 안으로 들어선다. 곧 이어 유석痴石 남형우(1875~1943), 해동海東 홍주일(1876~1927), 이당彛堂 정순영(1882~1941), 백농栢儂 김재열(1884~1948), 주원周元 박영모(1887~1938), 혜산兮山 신상태(1889~1951)가 시차 없이 줄지어 입장한다.

면면을 연령순으로 보면, 서울 보성전문학교 교수인 남형우가 만 40세로 가장 나이가 많고, 뒷날 교남학교를 설립하는 홍주일이 39세로 두 번째 고령자이다. 그 외는 윤상태·이시영·정순영이 33세, 김재열이 31세, 서상일·박영모가 28세, 신상태가 26세이다.

모두들 좌정해서 앉는다. 곧 이어 이영국, 김규, 서병룡, 황병기도 법당 안으로 들어선다. 차를 한 잔씩 나눈 후 모임이 시작된다. 그런데 시를 짓는 사람은 없고, 모두들 표정이 엄숙하다. 홍주일이 말한다.

"어쩌다 보니 유석과 내가 최고 연장자가 되었소. 여러분들께서 다들 서른 안팎인 까닭에 우리 두 사람이 속절없이 노인네가 되어버렸군요. 허허허."

남형우가 그 말을 받는다.

"허허허! 좀 더 진취적으로 독립운동을 할 의욕이 지나친 나머지 연령이 높은 분들(1870년생 이일우, 홍주일과 같은 1876년생 이만집, 1879년생 김태련 등)을 단원으로 모실 생각 자체를 하지 않았으니, 지금의 결과는 스스로 자초를 한 게지요. 허허허!"

홍주일이 약간 눈을 감은 듯한 표정으로 부연한다.

"(이만집, 김태련 등) 예수교회 인사들은 연령이 나와 같거나 비슷해도 오늘 이 자리에 모시지 않았습니다. 그분들은 또 그분들대로 별도 조직을 유지하는 것이 지역사회 전체를 이끌어가는 데 바람직할 것입니다."

그러자 신상태가,

"제가 서울 선린상업학교를 졸업한 뒤 작년(1914년) 봄부터 대구에 거주하는 관계로 향토 현황을 온전히 파악하고 있노라 장담하기에는 여러모로 일천하지만, 그래도 은행에 근무하는 관계로 자산가들의 근황에 대해서는 비교적 상세히 인지하고 있습니다. 소남(이일우) 선생은 연세가 저보다 물경 19세나 높으십니다. 오늘 같은 시회를 함께 하십시다 하는 것은 크게 비례가 아닐까 싶습니다."

하고 사정을 분석한다. 신상태와 대구은행 동료로 연령은 그보다 한 살 많은 이영국이 덧붙인다.

"소남 선생의 장자(맏아들 이상악) 되시는 분이 저보다 3세 연상일 정도니까요. 한 자리에서 회의를 하기에는 서로 불편할 것이 자명합니다. 그래서 선생 연배의 분들은 애당초 시회 초청 대상에 포함하지를 않았었지요. 혜산(신상태)이 지적한 대로, 시회에서 같이 어울리

자는 것은 예의가 못 됩니다."

다시 홍주일이 말한다.

"그도 그렇소만, 소남 선생은 일제에 의해 우현서루가 강제 폐쇄당한 (1911년) 이후로는 세상일을 끊고 두문불출 중이시오. 오직 야학 교사 활동만 하고 계시지요. 그 분의 심경을 우리 후진들은 모자람 없이 헤아릴 줄 알아야 합니다."

남형우가 놀란 음성으로 묻는다.

"사회적으로나 경제적으로나 대구의 내로라하는 원로께서 야학에서 교사로 복무하고 계신다는 말씀입니까? 내가 고령 출신인데다 오랫동안 서울에 머물다보니 그런 일이 있는 줄 미처 알지 못했군요."

"참으로 놀라운 일이지요. (1906년 창립된 대한자강회가 1907년 대한협회로 재편된 뒤 1908년 9월 15일에 이르러) 대한협회 대구지부는 두 명의 부장을 두었는데, 소남 선생이 실업부장을 맡았었지요. 당시 교육부장을 맡았던 현경운 선생이 지부 부설 '대구노동야학' 교장도 맡았었고, 그때부터 소남 선생은 야학 교사로서 밤이면 부녀자와 청소년들을 가르쳤지요. 우현서루 설립자가 야학 교사 역할을 망설이지 않았으니 세상 보기 드문 언행일치 사례라 할 것입니다."

남형우가 고개를 끄덕이면서,

"아, 우리나라 지도층 인사들이 다들 그 분과 같을 수 있다면 국권을 침탈당하고 노예로 살아가는 오늘날과 같은 형국을 만나는 일은 결코 없었을 것입니다."
하고 감탄을 토로하더니,

"그렇다면 (현진건의 아버지) 현경운 선생을 우리 단체에 모시는 것은 어떻습니까?"

하였다. 홍일우가 웃으면서,

"그 분은 소남 선생보다도 10세나 윗길이십니다."

하자, 모두들 껄껄 웃음을 터뜨렸다.

이윽고 모임이 진행되는데, 여전히 시를 짓는 사람은 없고 모두들 표정이 한결같이 엄숙하다. 한참 회의를 한 후 부서별 책임자로 외교부장 서상일, 교통부장 이시영·박영모, 기밀부장 홍주일, 문서부장 이영국·서병룡, 권유부장 김규, 유세부장 정순영, 결사부장 황병기를 선임한다. 군사 조직의 성격을 분명히 하기 위해 총대장의 직책 명칭을 단장이 아니라 통령으로 정했는데, 통령에 윤상태가 추대된다.

통령 윤상태가 연설을 한다.

"지금 이 자리에 계시는 분들은 모두가 역발산기개세力拔山氣蓋世의 용기와 지혜를 가진 독립지사들이시오. 본인도 스물셋에 거제 군수를 지내던 중 을사늑약의 치욕을 맞아 관직을 던졌고, 그 이후 고령에 일신학교를 세워 젊은이들에게 신식 학문은 물론 은밀히 국사와 군사 교육을 가르치기도 했지요.

그러던 중 우리는 달비골 첨운재에서 누차 회동하며 논의한 결과, 좀 더 선명하게 일제와 맞서야 한다는 결론을 얻었소. 그리하여 드디어 오늘 조선국권회복단 중앙총부를 결성하였소.

우리는 먼저 수천 년 역사의 자랑스러운 나라를 경술국치로 망하게 만들었다는 부끄러움을 단군 태황조太

皇祖께 고백했소. 왜놈들에게 나라를 빼앗긴 충격과, 놈들의 잔인무도한 무단정치에 짓눌려 우리 민족이 강력한 독립운동을 펼치려는 마음조차 제대로 먹지 못하는 이 시기에 조선국권회복단이 가장 앞장서서 국권회복운동을 펼치겠다는 각오의 말씀도 드렸소.

다섯 항에 이르는 맹서도 했소. 결의를 재삼 다지는 뜻에서 서약서를 다시 한번 낭독할 터인즉 본인이 한 조항씩 읽을 때마다 기운찬 음성으로 복창해주시기 바라오."

윤상태가 결연한 표정으로 좌중을 둘러본 후 목청을 높여,

"첫째,

우리는 한국의 국권 회복에 앞장선다!"

하고 선창한다. 동지들의 뜨거운 목소리가 윤상태의 선언에 이어 대덕산성 아래 안지랑골을 뒤흔든다.

— 우리는 한국의 국권 회복에 앞장선다!

"둘째,

매년 정월 15일 단군의 위패 앞에서 목적 수행을 위해 기도한다!"

— 매년 정월 15일 단군의 위패 앞에서 목적 수행을 위해 기도한다!

"셋째,

단원은 결코 이 결사항일조직을 탈퇴하지 않는다!"

— 단원은 결코 이 결사항일조직을 탈퇴하지 않는다!

"넷째,

단원은 비밀을 누설하지 않는다! 만약 이를 위반하는

사람이 있으면 신이 내리는 벌을 받을 것이다!"

– 단원은 비밀을 누설하지 않는다! 만약 이를 위반하는 사람이 있으면 신이 내리는 벌을 받을 것이다!

"다섯째,

결사대를 조직해 일제와 친일 반민족 주구들을 살육한다!"

– 결사대를 조직해 일제와 친일 반민족 주구들을 살육한다!

이날 결성대회를 치른 조선국권회복단 중앙총부 창립 단원들은 내적으로는 마산지부 건설과 동지 추가 모집, 외적으로는 다른 독립운동단체들과 발전적으로 통합해 광복회를 건설하는 일에 힘을 쏟았다.

대외 사업은 기대 이상으로 큰 성과가 있어, 창단 불과 반 년 만인 8월 25일 경북 영주 풍기광복단 등 다른 여러 단체들과 합세해 "1901년대에 가장 활발하게 활동한 독립운동단체"1) 광복회를 결성했다.

광복회는 의병 활동과 1920년대 의열단의 맥을 잇는 의혈義血 항일 무장 투쟁 단체2)였으므로, 조선국권회복단은 김재열, 정순영, 이시영, 변상태, 정운일, 홍주일, 황병기, 박상진 등 강성 단원들을 광복회 지도부에 결합시켜 두 갈래로 독립운동을 펼쳤다.

---

1) 제5차 교육과정 고등학교 국정 국사 교과서의 표현

2) 2009년 1월 국가보훈부는 '이달의 독립운동가(우재룡)'를 선정하면서 "의병 항쟁과 독립군 투쟁의 가교"라는 표현을 썼다.

다른 갈래는, 본래 취지대로 군자금을 모아 중국에서 항일투쟁을 하고 있는 지사들에게 보내는 한편, 국내 민중들을 대상으로 구국 계몽운동을 지속하는 일이었다. 그래서 창립 즉시 회원들이 각각 희사한 큰돈을 규합해 상해임시정부와 만주로 보냈다. (1919년 4월 임시정부로 망명하던 당시에도 남형우는 5천 원을 독립운동자금으로 출연했다. 5천 원이면 현 시세로 대략 5억 원 정도이다.)

그리고 대중 모금에도 나섰다. 각 회원들이 거액의 독립운동자금을 내놓는 것도 훌륭한 일이지만, 우리 민족 많은 구성원들이 십시일반 마음과 힘을 보태게 할 수 있다면 더욱 금상첨화라는 판단에서였다.3)

---

3) 한국학중앙연구원 《한국향토문화전자대전- 디지털 칠곡문화대전》 〈조선국권회복단〉 : [개설] 1915년 2월 28일에 달성친목회의 회원 서상일 등 대구를 기반으로 하는 부호·중산층·계몽주의자·신학 이수자·유생들이 국권 회복을 위해 국내의 독립운동 세력과 만주 독립운동 단체, 그리고 대한민국 임시정부 등과 상호 연결되어 국내·외 독립운동을 지원한 비밀결사단체이다. [활동사항] 조선국권회복단은 1915년 2월 28일 결성되어, 동년 7월 풍기의 광복단과 연결되어 대한광복회를 결성하면서 조직의 활동 영역이 넓어졌고, 경상남도 일원에서 활동하던 대동청년단과 제휴였다. 1919년 6월 조직의 전모가 노출될 때까지 국권 회복 운동을 지원하였다. 조선국권회복단은 국내에서 독립운동 세력을 확장하고 해외 독립운동 세력과 연계하여 최후로 독립을 쟁취한다는 것을 목표로 삼았다. 조선국권회복단은 해외 독립운동 세력을 지원하기 위한 군자금 모집과 독립군의 양성을 위한 청장년의 모집에 힘을 기울여 1915년 7월 15일(인용자 주 : 1916년 9월 4일의 오기로 보임) 대구권총사건大邱拳銃事件, 1919년의 3·1운동 주도,

"쟁쟁한 부호들에게 군자금 출연을 요구하는 것이 좋겠소. 광범위한 부민(대구 시민)들을 대상으로 모금을 하기에는 일제의 감시가 너무나 철통같습니다."

"그 말씀이 맞습니다. 대구경북에서 손꼽히는 자산가들을 헤아려보면 고원훈(문경), 권중식(달성), 김영배(문경), 김원근(경주), 김재환(대구), 서병조(대구), 서병주(대구), 서상훈(대구), 신현구(대구), 안병길(경산), 이병학(대구), 이선호(안동), 이길우(대구), 이일우(대구), 이장우(대구), 장상철(칠곡), 장직상(선산), 정교원(대구), 정재학(대구), 정해붕(대구) 등등이 있습니다."

"영덕의 문명기라는 자가 신흥 부호로 떠오르고 있다는 말도 있습니다."

문명기(1878~1968)는 1935년 일본 육군과 해군에 비행기를 각각 헌납했는데, 육군 것은 '애국 제 120호', 해군 것은 '문명기 호'로 명명되었다. 그 외에도 시시때때로 많은 돈을 일제에 바쳤다. 그렇게 충성을 다한 보람(?)이 있어 1941년 중추원 참의로 임명을 받았다.

문명기는 회갑을 맞아 "나는 이제 27세다! 합병 때

1919년 4월 대한민국 임시정부에 군자금 15,000원 송금, 1919년 유림단의 독립청원사건 지원 등의 활동을 전개하였다. 조선국권회복단의 단원으로 활동한 바 있는 칠곡 출신은 신상태·이수목 등이 있으며, 1916년 6월 칠곡의 부호 장승원에게 군자금 요구와 1917년 8월 장승원 암살사건 등은 대한광복회와 밀접한 관련을 가지고 있었다. [의의와 평가] 1910년대 국권회복을 목적으로 한 해외의 무장 독립운동 단체와 독립운동기지 건설을 후원하는 활동을 전개하여 1919년 3·1운동과 1920년대 독립운동의 원류가 되었다.

다시 태어났으니 27세 청년이야!"라는 명언을 남긴 대단한(!) 반민족행위자였다. 그래도 1916년 당시는 영덕에서 제지 공장을 운영하는 정도였으므로 대구경북 대표 자산가 경지는 아니었다.

"선산 장직상은 제외하는 것이 좋겠소. 왕산 허위 의병대장을 일제에 밀고한 장승원의 아들이 우리에게 협조를 할 리가 없소."

"조금 전에 말씀하신 명단에 소남(이일우) 선생이 계시던데, 다들 아시다시피 소남 선생은 국채보상운동4)을 비롯해 오랫동안 민족운동에 헌신하였을 뿐만 아니라 우현서루도 세워 운영했던 분이오.

소남 선생이 대한협회 대구지회 실업부장으로서 대구노동학교 교사로 봉사할 때 동 단체 교육부장으로서 야학 교장을 맡았던 혀경운 선생도 대구전부 사장司長을 지낸 고위관리 출신인즉 큰 자산가는 아니지만 빼놓을 수 없는 어른이지요.

다만, 이와 같은 분들을 여타 자산가들과 한묶음으로 여겨서는 안 됩니다. 우리 중에서 연장이신 유석(남형우) 선생과 해동(홍주일) 선생께서 찾아뵙고 별도로 전후 경과를 말씀드리는 것이 예의일 성싶소."

홍주일이 말한다.

"유석은 오늘도 서울에서 특별히 먼 걸음을 하였는데, 자꾸 대구에 오라 해서는 안 됩니다. 그렇게 대구 출입이 잦으면 일제 경찰이나 밀정들이 눈치를 챌 수 있

4) 1907년 대구 국채보상운동을 광문회와 함께 이끌었던 대구광학회 사무소가 우현서루에 있었다.

소[5]. 두 분을 찾아뵙는 일은 내가 맡겠소."

남형우가 뒤를 잇는다.

"함부로 할 말은 아니지만, 민족자본가라 할 만한 분들은 우리도 일제 경찰도 모르게 이미 독립운동자금을 많이 출연하고 계실 것이오. 그 점을 충분히 헤아릴 필요가 있어요."

모두들 고개를 끄덕인다.

"이제 결론을 내리십시다. 독립운동자금 출연 요구를 부호들에게 한꺼번에 할 것인지, 아니면 몇몇 소수만 할 것인지?"

"모두에게 동시다발로 서한을 보내면 좋지 않을까 여겨지오. 누구에게는 하고, 또 누구에게는 하지 않으면 일제 경찰이 요구를 받지 않은 자산가를 의심하게 될 게요. 예를 들어 소남 선생 등 한두 분만 빼고 출연을 요구했다가는 그 사실이 일제에 포착되는 경우 오히려 가택과 회사 등을 수색당할 수도 있어요. 그러면 사태가 뜻밖의 범위로 번지게 됩니다."[6]

"옳은 말씀이외다. 다만 지금은 처음 시도하는 사업이라 우리도 경황이 부족하고, 대구를 벗어나 멀리 도내 전역을 범위로 하기에는 우리 역량이 미치지 못할 우려도

---

5) 1918년 12월 일제 경찰은 충청도 김한종과 장두환의 외지 출입이 많은 점을 수상히 여겨 지독한 고문을 가한 끝에 그들이 광복회 간부들이라는 사실을 밝혀내었다.

6) 광복회는 1916~8년 부호들에게 군자금 출연 요구 서한을 보내면서 친일 분자만이 아니라 당시 광복회 간부였던 최준에게도 발송했다. 최준이 의심을 받지 않도록 하려는 조치였다.

있는 만큼, 경험을 쌓은 후 본격화하기로 하고 우선은 대구 부내 자산가들만 대상으로 해서 실험적으로 사업을 추진해보는 것이 좋을 듯합니다만…."

그런 논의 끝에, 조선국권회복단은 이윽고 대구의 정재학에게 5만 원, 이장우에게 2만 원, 서우순에게 1만 원 등의 의연금을 요구했다. 하지만 아무도 호응하지 않았다.

"아니, 이 자들이 어찌 이럴 수가 있소? 애족정신이라고는 티끌만큼도 없는 작자들 아닙니까?"

"우리가 처음부터 너무 순진했소. 사람은 그저 타인 알기를 자기 자신과 같은 줄 여긴다더니, 우리가 바로 그렇소. 일본놈들로부터 벗어나 국권을 회복하고 겨레의 삶을 인간답게 고양시키자는 좋은 뜻의 사업인 만큼 운만 떼면 열화같이 호응을 해우리라 믿어 의심하지 않았지요. 길을 몰라서 출연을 못하고 있는 경우로만 믿었으니, 허허, 이것 참 어이가 없군요."

"좋은 말로 안 되면 무력으로 제압할 수밖에요!"

첫 대상자를 서우순으로 결정했다. 그러자 서우순의 첩 집이 첫 습격 대상지로 지목되었다.

서우순의 첩 집 습격을 주도할 김진만은 서우순의 사위였다. 행동 대원 중 한 사람인 서상준은 서우순의 아들이었다. 아들과 사위에게 거사의 중심 인물 임무가 주어진 것도 예삿일은 아니었지만, 더욱 특이한 것은 어째서 서우순 집이 아니라 서우순의 첩 집이 공격 대상이 되었는가 하는 점이었다. 하지만 알고 보면 특이할 것도 없었다. 아들 서상준이 "우리집 현금은 모두 아버지의 첩 집에 있소!"라고 고급(?)정보를 말해준 결과였던 것이다.

임세규와 권상석은 이날 진골목을 함께 걸었다. 깊은 야밤인데도 진골목은 부호들이 밀집해서 살고 있는 동네답게 너무나 휘황찬란했다. 골목마다 등이 켜져 있고, 아름드리나무의 초가을 잎사귀들은 가벼운 바람을 맞아 살랑대면서 별빛을 튕겨내고 있었다.

"괜찮은가?"

김진만이 서상준에게 묻는다. 암흑 속이지만 서상준의 낯빛은 어두운 기색이 뚜렷하다. '아버지 첩 집'이라지만 실제로는 '아버지'를 습격하러 가는 중이니 그의 내심은 자못 복잡할 터이다. 가로등 불빛이 서상준의 얼굴을 잠깐 스쳐 지나간다. 그는 언뜻 입가에 미소를 머금는가 하더니 다시 입술을 깨물고 묵묵부답이다.

이윽고 김진만이,

"여기야!"

하며 목소리를 낮춰 속삭인다.

김진만의 말이 끝나기 무섭게, 몸 날래기로 정평이 나 있는 임세규와 권상석이 담장을 훌쩍 넘었다. 곧 이어 대문 빗장이 열렸다. 보두들 복면을 한 재 한꺼번에 서우순의 안방을 들이쳤다. 김진만이 총을 서우순의 머리에 갖다 대기도 전에 서우순이 목청 있는 대로 고함을 질렀다.

"강도야! 강도야아 —!!"

김진만이 흠칫 하는 사이에 서우순의 집사 우도길이 달려왔다. 우도길은 충직한 가신답게 제 몸을 과감히 던져 김진만의 바지를 잡고 늘어졌다. 이 광경을 보고 지나치게 당황한 김진우가 권총을 발사했다. 총탄은 우도길을 스쳐 날아가 마룻바닥을 튕긴 뒤 벽에 걸려 있는 커다란 거울을 박살내었다.

소란이 벌어지자 이곳저곳에서 취침 중이던 수많은 종들이 와르르 몰려나왔다. 당황한 일행은 곧바로 도망치기 시작했다. 이 와중에 조선국권회복단 단원 두 사람의 신발이 벗겨져 마당 구석으로 날아갔다.

다음날 아침, 신발을 주운 우도길은 그것의 주인 한 명을 바로 알아냈다. 우도길은 즉각 서우순에게 달려가 보고했다.

"어젯밤 강도떼가 몰려왔을 때 도련님도 그 중에 섞여 있었던 것 같습니다."

서우순은 머리 회전이 매우 빠른 사람이었다. 그는 아들 서상준이 요즘 어떤 인물들과 친하게 지내는지 뒷조사를 한 다음, 아들을 문제 삼지 않는 조건으로 사건 관련자 명단을 일제 경찰에 넘겨주었다. 결국 당일 권총을 발사한 김진우 징역 12년, 주모자 김진만을 비롯해 정운일과 최병규 징역 10년, 최준명 징역 2년, 박상진과 김재열 징역 6개월, 홍주일 징역 5개월, 이시영 징역 4개월의 실형이 언도되었다. 담장을 넘어 대문 빗장을 연 임세규와 권상석은 둘 다 징역 10년에 처해졌지만, 잡히지 않았으므로 궐석 재판으로 끝났다.

그런데 이 사건은 또 다른 충격을 당시 대구 사회에 안겼다. 세간에서 '대구 권총 사건'이라 부르는 서우순 첩 집 습격 이후 발생한 뜻밖의 가슴 아픈 일 탓이었다.

"서상준 동지가 스스로 목숨을 거두었소……."

슬프고도 기가 막히는 소식은 조선국권회복단 단원들에게, 이어 대구 부민들에게 점점 넓게 번져갔다.

"극약을 삼키고 그만 … 아버지를 위협해 독립운동 군자금을 탈취하자니 효도가 아니고, 그 일을 하지 않으려니 동지들에 대한 의리가 아니고 …"

"무슨 그런 말도 아니 되는 일이 있을 수 있다는 것이오? 어찌 그리 어리석은 선택을 할 수 있단 말이오? 그렇게 혼자 세상을 버리면 그것은 그럼 효가 되는 것이오? 그리 목숨을 버려 나라 되찾는 일에 힘을 보태지 못하면 충도 되지 못하는데…. 고인은 어허허, 그런 이치도 모른단 말이요…. 어허허허!"

누군가가 속이 탄 나머지 애꿎게 고인을 원망하며 울음을 토해내자, 다른 사람들도 모두 눈물을 쏟으며 원통한 세월을 한탄했다.*

---

* 이 소설은 정만진 장편소설 '수성못에서 만난 이일우와 이상화'의 일부입니다. 수록을 허락해주신 정만진 작가님께 지면을 빌어 감사드립니다.

달비골

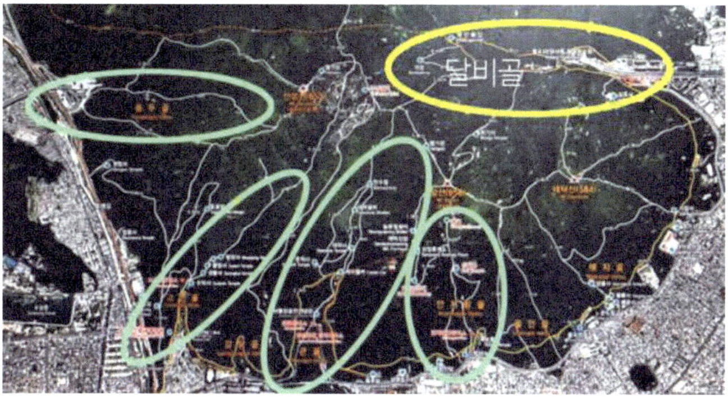

대구 앞산 달비골은 앞산의 여러 골짜기 가운데 하나로, 조용한 계곡형 지형이다. 이름에서 알 수 있듯이 달비골은 '달빛이 비추는 골짜기라는 뜻'이며, 자연 경관과 이름이 잘 어우러지는 곳이다.

달비골은 대구시 남구 대명동과 수성구 파동 일대에 걸친 앞산 주능선 너머에 자리한다. 용두골과 더불어 앞산의 동쪽 골짜기인 달비골은 큰골, 고산골, 안지랑골과 함께 앞산을 대표하는 여러 계곡군을 형성한다.

달비골은 골짜기 안쪽 숲이 울창하고 시냇물이 쉼없이 흘러 여름철에도 비교적 시원하며, 달빛이 비친다는 이름처럼 밤에는 달을 보기 좋은 지형적 특징을 지녔다. 지금은 앞산터널로 말미암아 계곡의 의미가 많이 퇴색되었지만, 제1봉 앞산, 제2봉 산성산, 제3봉 대덕산과 등산로로 바로 연결되고, 앞산 순환도로에서 접근하기도 쉽다.

달비골 곳곳에 세워져 있는 현지 안내판을 읽어본다.

"월촌지月村地를 비롯해서 넓은 상인上仁들[野]이 현재는 대단위 아파트 단지로 변해 있는데, 이 지역의 동쪽에 위치한 대덕산과 동남쪽에 위치한 청룡산의 줄기가 이루어 낸 계곡이 있다. 이 계곡은 골이 너무 깊어 달이 뜨면 달빛이 계곡에 비춰진다 해서 '달비골'이라 불렀다. 그리고 '달배[月背]'골로 변하고, 이것이[월배]로 변하여 현재의 월배月背란 지명이 유래되었다고 전해진다."

달비골 답사 최고 코스는 달서구 청소년 수련관 주차 후 앞산터널에서 나오는 도로를 가로지르는 육교를 건너지 말고, 주차장 끝까지 가서 앞산자락길 마지막 구간, 즉 돌탑 오솔길로 들어서는 길이다. 이곳에서 출발해 북한 월남인들 사유지 평안동산을 거쳐 달비고개로 간다. 달비고개 사거리에서 왼쪽으로 400m 오르면 고산골로 넘어가는 주능선 사거리에 닿는다. 왼쪽으로 앞산 정상 1.4km, 오른쪽으로 산성산 0.6km 거리이다. 청소년 수련원에서부터 산성산 정상까지는 가파르지 않아 남녀노소 누구나 즐길 수 있는 등산로로 적극 추천할 만하다.

산성산에서 하산해 평안동산까지 왔을 때, 올라온 돌탑길로 내려가지 않고 평안동산 오른쪽 넓은 임도를 선택하면 머지않아 길 오른쪽에 '석정' 안내판이 있다. 15분가량 산길을 오르면 석정이 나온다. 바위에서 물이 나온다 하여 조선시대에도 이름을 떨쳤던 자연유산이다.

석정

평안동산에서 어느 길을 선택했든 내려오다가 월곡지를 본다. 이 호수와, 인근 청룡산 아래 도원지의 물이 월배 선상지로 흘러 구석기인들의 삶을 이루어주었다.

선상지扇狀地는 산악 아래의 부채꼴 땅인데, 경사가 심하기 때문에 계곡물이 급하게 흘러내려 습지로 형성될 겨를이 없는 관계로 밭작물에 적합한 토지가 된다. 그래서 구석기인들에게 먹을거리를 제공한 은혜로운 땅이 된 것이다. (지금은 곡물 재배라면 벼를 떠올리지만 조선시대까지도 농사의 주는 밭작물 재배였다.) 고마운 월곡지를 다시 한번 돌아본 뒤 아래로 더 내려온다.

1915년 2월 28일 창립된 조선국권회복단 통령 윤상태 지사 별서인 첨운재가 나온다. 길 왼쪽에 안내판이 세워져 있어 찾기가 아주 쉽다. 이제 왕건 유적인 임휴사를 둘러보면 달비골 완전 답사가 된다. (다만 노약자는 산성산까지 갔가다 와서 다시 석정과 임휴사를 오르내리기는 힘에 부칠 수도 있다.)

임휴사

임휴사臨休寺는 "임시로 쉬어간 절"이라는 뜻을 지닌 이름이다. 이는 왕건이 견훤과의 동수대전에서 대패 후 앞산으로 피신했고, 마지막에 이곳에 잠시 머물렀다는 전설에서 유래한다. 큰 불이 나서 새로 건축한 관계로 고즈넉한 느낌은 없다. 그래도 임휴사에 왔으니 왕건의 이동 경로를 한번 돌이켜 볼 일이다.

- 살내煎灘(무태 동화천과 금호강 합류 지점) 〉
- 동화천 >
- 연경마을(북구 동화천로55길 25 일원) >

▪나팔고개(동구 지묘동1376~파계로 71 일원) 〉
▪신숭겸 유적지, 왕산 >
▪파군재(신숭겸 동상) >
▪독좌암(팔공로327-7 봉무정 아래 개울가) 〉
▪독암서당(팔공로68길 36) 〉
▪시랑리, 신숭겸 장군 유허비(평광동 산36) 〉
▪반야월, 안심 〉 ▪금호강 〉
▪신천(또는 수성구 담티고개와 법이산) 〉
▪은적사 〉 ▪안일사 〉 ▪왕굴 〉 ▪임휴사 〉
▪왕쉰고개(달성군 다사읍 다사로 29-8 일원) >
▪성주 > ▪개경

달비골 답사의 특별한 장점은, 앞에 언급하였듯이, 청소년 수련관에서 산성산 정상까지 가는 길에 가파른 오르막이 없어 남녀노소 누구나 편안하게 걸을 수 있다는 점이다. ▪돌탑이 있는 오솔길, ▪남북통일 문제를 생각해볼 수 있는 평안동산, ▪너덜겅이 있는 달비고개 아래, ▪구석기인의 삶을 도와주었던 월곡지, ▪독립운동가 윤상태 선생 집 등등, 청소년 수련관에서 평안동산까지 이어지는 오솔길은 앞산자락길 중 최고이다. 유일한 단점이라면 평안동산에서 월곡지로 내려오는 길 일부가 포장도로라는 사실이다. 청룡산 비탈로 난 오솔길을 걸어 월곡지까지 온 다음, 못둑을 넘어 첨운재로 갈 일이다.

첨운재瞻雲齋를 특별히 더 살펴본다. 첨운재는 윤상태 지사 별서別墅로, 조선국권회복단 결성을 준비했던 장소이다. 별서는 자연 속에 지은 휴식처 또는 학문과 사색을 위한 공간을 말한다. 첨운재는 선생이 자연과 벗하며 독립운동 동지들과 모임을 갖던 공간으로도 활용되었다.

첨운재와 윤상태 독립지사

선생은 첨운재(=송석정松石亭)에서 조선국권회복단 결성을 위해 동지들과 수시로 비밀 회동을 했다. 그런 점에서 현지 안내판의 표현은 뭔가 어색하다. '첨운재, 독립운동 모의 장소'라고 안내되어 있는데, '모의'는 보통 좋지 않은 일을 도모할 때 사용되기 때문이다.

첨운재는 독립운동가들이 모여 논의하고 결의한 장소이지만 관리가 조금 허술하다. 단순한 별서가 아니라 지역 독립운동의 현장이자 기억해야 할 공간이므로 세심하고 정성스러운 보살핌이 있어야 마땅하다.

(조선국권회복단에 대해서는 안지랑골 부분에 상세히 소개되어 있으므로 참조바랍니다. 127쪽 각주에도 있습니다.)

윤상태 선생은 1882년 9월 30일 태어나셨고, 1942년 11월 11일 돌아가셨다. 국가보훈부 독립유공자 공훈록에 따르면 선생의 본적은 "경상북도 달성군 월배 상인 909이며, 경북 달성 사람이다. 대한제국 정부에서 군수로 재임 중 을사늑약乙巳勒約이 체결되자 사임하고 낙향하였다. 그 후 1911년 고령에 일신학교日新學校를 설립하여 교육을 통한 국권회복운동을 전개하였다.

그러다가 1915년 2월 28일 박상진 ·서상일 ·이시영 · 박영모·홍주일 등과 함께 달성군 안일암安逸庵에서 시회詩會를 가장하여 비밀결사 조선국권회복단 중앙총부朝鮮國權恢復團中央總部를 결성하고 통령統領에 선임되어 동단을 이끌었다. 동단은 대구를 중심으로 주로 경상우도慶尙右道 지역의 중산층 이상 혁신 유림들이 참여하여 사립교육기관과 곡물상의 상업조직을 통하여 독립군을 지원한 구국경제활동단체였다.

서상일의 태궁상점太弓商店, 윤한병의 향산상회香山商會, 안희제의 백산상회白山商會의 경영에도 참여해 독립운동의 거점으로 삼았으며, 1917년 비밀결사 대동청년당大同靑年黨에 가입하여 3·1독립운동 당시에는 동단의 변상태·김관제로 하여금 경남 일원에서 만세시위를 주도케 하였다.

1919년 3·1독립운동의 영향으로 국외의 많은 애국지사들이 임시정부를 조직하고 독립군을 양성하는 등 독립운동의 기운이 고조되자, 조선국권회복단 중앙총부에서 단원들의 군자금 모금을 통해 이에 필요한 독립운동 자금을 지원하였다.

또한 1919년 4월 장석영·김응섭·조긍섭이 주관하여 파리강화회의에 제출할 독립청원서를 작성, 영문으로 번역케 하였으며, 김응섭·남형우가 이를 휴대하고 상해上海로 건너갈 수 있도록 자금을 지원하였다."

생소한 어휘들이 보인다. 경상우도는 낙동강과 동해안 사이의 경상도 지역을 뜻하고, 혁신 유림은 왕 없는 공화정을 지지한 유교 선비들을 가리킨다.

파리강화회의는 1919년 1월 18일부터 6월 28일까지 파리에서 개최된 국제회의로, 독일을 비롯한 패전국의 식민지 처리 등 제1차 세계대전 종전 이후 문제들을 다루었다. 우리나라는 승전국 일본의 식민지였던 관계로 논의 대상에 들어가지 못했다. 그러나 이 일로 일경에 붙잡혀 옥고를 치렀다. 출옥 후 선생은 향리인 달성군에서 덕산학교·송석정·회보당 등의 교육기관을 세워 항일민족교육운동을 계속했다.

선생의 마음과 생각을 엿볼 수 있는 윤상태 한시 '월배 6경'을 감상해 본다.

토현신월兎峴新月 : 토끼고개의 초승달 兎峴新月

눈썹 같은 달이 산 위로 솟아 하얀 기운 새로워졌다.
갈고리 모양 차가운 옥 맑아서 티끌이라고는 없구나.
거문고 가져와 홀로 바라보며 난간머리에 앉았노라.
청초한 맛에 저절로 그림 속 사람 된 듯하네

* 토현 : 달비골에서 수밭으로 넘어가는 고개

배잠낙조盃岑落照 : 배잠에 지는 해 盃岑落照

뉘엿뉘엿 지는 해 서쪽 산으로 내려앉으며
한 줄기 밝은 노을 엷은 구름 거두네.
말고 고움 견줘 보니 아침 햇살보다 나은데
푸른 연기가 감싸고 감싸 평평한 숲을 가두네

* 배잠 : 화원동산, 일명 배성盃城이라고도 한다.

낙강귀범洛江歸帆 : 낙동강에 돌아오는 배 

멀리 떨어진 강가에 저물녘 돌아오는 돛단배
바람 받아 너풀너풀 석양에 돌아오누나
깨끗하고 고요한 절로 강호의 풍광을 실어오기에
술동이 가지고 달 지나길 기다림이 더욱 좋구나

도원초적桃源樵笛 : 동원동 나무꾼의 피리소리 

한 곡조 피리 부는 저녁 산의 나무꾼
끊어질 듯 이어지는 소리, 잡되고 소란함이 없구나
옳구나! 여기가 도원에서 멀지 않으니
소 타고 비스듬히 피리 부는 모두가 신선의 무리일레라

가야운장伽倻雲帳 : 가야산의 구름 장막 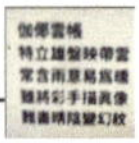

우뚝 솟은 웅장한 소반 햇살 받으며 구름 띄어서
항상 비 기운 품어 어두워지기를 쉽게 하는구나.
비록 그림 솜씨 있어 진짜 형상을 그려낸대도
맑았다 흐렸다 변하는 환상적 모습 그려내기 어려우리

임암효종臨庵曉鐘 : 임휴사의 새벽종 

어렴풋한 숲 끝에 초가 암자가 있어
새벽 되자 희미한 종소리 개울 남쪽까지 들리네
저기 샘물 소리와 어울려 빈 골짝에 메아리치니
은둔자의 게으른 한잠을 흔들어서 깨우네

⇨ 판권지